教師をめざす学びのハンドブック

教職入門から教職実践演習まで

木村 裕・篠原岳司・杉浦由香里・原 未来・福井雅英●著

かもがわ出版

目次

教師をめざすみなさんへ …………………………………………………………………… 6

   1. 本書に込めた願い　6
   2. 本書の特徴　7
   3. 本書の構成　8
   4. 本書の使い方　10

第1章　教師像を描く ……………………………………………………………………… 11

   1. 自らの教師像を問い直す　12
   2. 子どもと学校の現実を見つめ直す　13
   3. 社会の中の学校・地域の中の家族と子どもをとらえ直す　15
   4. 教職生涯を描き直す　16

   コラム●働き方改革と教師の仕事　21

第2章　授業づくりの多様性と可能性 …………………………………………………… 23

   1. 授業の多様性と可能性を生み出すもの　24
   2. 授業の基本的な流れ　24
   3. 「教育目標」「教材」「学習形態」「教授行為」　26
   4. 教育評価の機能と役割　28
   5. 授業をとりまく諸要素　29
   6. 子どもの事実と向き合う授業づくり　31

   コラム●パフォーマンス評価とルーブリック　33

第3章　市民性を育てる道徳教育 …………………………………………………… 35

1. 道徳教育の歴史的展開　36
2. 子どもの生活現実と道徳教育　39
3. 人間的価値と市民性を考える道徳教育実践の探究　41

コラム●学生の体験から考える道徳の授業
　　　　――学ぶ意味の感じられる授業をどうつくるか　46

第4章　生きる主体を育む「進路指導」 ………………………………………… 47

1. 不安定化する学校から社会への移行　48
2. 「キャリア教育」を問う　49
3. 生きる主体を育む「進路指導」　50

コラム●「自立」へと歩みだす思春期・青年期　57

第5章　教育課程を創造する ……………………………………………………… 59

1. 教育課程の編成主体としての学校と教師　60
2. 学習指導要領と教育課程編成　61
3. 学力を問う　63
4. 教育課程編成をめぐる諸課題　64
5. 豊かな教育課程の創造に向けて　66

コラム●カリキュラム・マネジメント　69

第6章　子どもの学習権から学校をとらえなおす ……………………………… 71

1. 学校の光と影　72
2. 学校の歴史的性格　73
3. 権利としての教育をゆたかに　76
4. 学校の可能性と今日的課題　79

コラム●外国人やマイノリティの子どもの権利保障　84

第7章　多様な教育的ニーズから創造する教育 ── 85

1. 「特別支援教育」の概要と取り組みの際の留意点　86
2. 子ども・青年たちの生きる世界　87
3. 多様な教育的ニーズを捉え応えるために　89
4. 多様な教育的ニーズに応え、多様性を生かす学校づくり　92

第8章　多様な専門性をふまえた協働の可能性 ── 95

1. 学校経営における教師の自律性をめぐる問題　96
2. 学校内外における多様な専門職等との協働　96
3. 協働の落とし穴、突きつけられる教師の専門性の問題　98
4. 協働の価値の最大化と教師の専門職としての自律性　102

コラム●部活動のあり方を考える　104

第9章　学校・家庭・地域で育つ／育てる ── 105

1. 保護者とつながる　106
2. 学校と地域をめぐる問題　108
3. 地域で育つ子ども・若者　112

第10章　子どもに学び、同僚とともに成長し続ける教師 ── 117

1. 子どもとともに成長する教師　118
2. 教師の成長はどのようにして可能になるか　121
3. 実践記録をどう書くか／どう活かすか──応答を軸に実践を記録する　122
4. 実践記録を書くことの意味
　──振り返りと学び合いこそが教師の成長の確かな保障　125

コラム●時代の中の教師像──映像化された文芸作品から　127

教職入門から教職実践演習、そしてその先へ ── 128

1. 滋賀県立大学における教職実践演習の概要　128
2. 実践記録の執筆とその検討ならびに交流を軸にした教職実践演習のねらい　130
3. 教職実践演習の先へ　132

教師をめざすみなさんへ

1. 本書に込めた願い

　教育職員免許を取得する課程（教職課程）を履修するみなさんの最終的なゴールとは何でしょうか。「教員免許を取得すること」だと考える人もいるかもしれませんし、「教員採用試験に合格して先生になること」だと考える人もいるかもしれません。もちろん、教師になろうとする場合に、これらを達成することは重要です。しかしながら、これらは長い教職生涯における通過点であり、決して最終的なゴールではない、あるいは、これらを最終的なゴールだと考えてもらいたくはないと、本書の執筆者たちは考えています。

　本書の執筆者はそれぞれの研究内容やこれまでの経験などに基づく自分なりの考えを持って担当する章を執筆しています。ただし、本書を作成する過程で何度もお互いの原稿を検討し、議論を行う中で、私たちは共通してみなさんに、特に次の四つの特徴を有する教師としての力量や構えを身につけてもらいたいと考えていることを確認してきました。

　一つ目は、「生涯にわたって成長し続けられる教師」です。私たちは、教師には「完成形」はないと考えています。すなわち、子どもたちとの出会い、同僚や他校の教職員との出会い、保護者や地域の方々との出会い、自身の公的・私的な経験などを通して、めざす教師像やめざす教育のあり方は常に問い直され、修正されていくものだと考えています。したがって、自身がめざす教師像や教育のあり方を問い直し続け、修正し続けることによって、生涯にわたって成長し続けられる教師になってもらいたいと考えています。

　二つ目は、「研究者としての教師」です。教育実践には、まったく同じものは存在しません。同じ学習指導案に沿って同じ子どもを対象として同じ内容を扱った授業を行ったとしても、子どもの反応やそれを受けた教師の判断などによって、実践は多様なものとなります。そのため教師には、意図的に授業を計画したり実践したりすることに加えて、授業が進むまさにその最中にも様々な判断を行うことが求められます。そしてまた、そうした

実践を改善し続けていくためには、学術研究の成果もふまえながら自身の実践をふりかえって分析し、その後の実践につなげることが欠かせません。私たちはみなさんに、こうした力量や構えを身につけた「研究者としての教師」をめざしてもらいたいと考えています。

三つ目は、「自律性を持った教師」です。子どもの状況は日々刻々と変化しますし、科学も日々進歩します。また、子どもや学校を取り巻く社会状況も変わり続けます。そのため、そうした変化を背景として、新たな教育政策も打ち出されます。したがって教師には、教育政策の内容や教育をめぐる議論などもふまえながら、目の前の子どもの状況や自身の信念に基づいて、自分なりの実践を創造し、展開することが求められます。そのため、私たちはみなさんに、多様な教育政策や議論などに直面したときにそれらにただ追従するのではなく、それらを自分なりに多様な視点から批判的に検討し、自律的に対応していくことのできる教師になってもらいたいと考えています。

四つ目は、教育や授業のあり方を考える際に、「目の前の、ありのままの子どもの姿から出発することを大切にする教師」です。たとえば「〇〇小学校の〇年生」と言っても、そこに在籍する子どもは全員同じではありません。一人ひとりの得意なことや不得意なこと、生活環境、家族や友人との関係などは異なっています。また、一人の子どもに注目してみても、そのときの体調、楽しみなことや不安なことの有無、休み時間の出来事などによって、その様子は変わり続けます。そのため、自身の持つ知識や経験に基づいて（時には無意識的に）つくられた枠組みにあてはめるかたちで子どもを捉えるのではなく、目の前の子どもの事実と丁寧に向き合い、そこから想定される子どもの状態をイメージしながら教育活動を進めていくことを大切にできる教師をめざしてもらいたいと考えています。

もちろん、私たちはこれらの教師像を絶対的なものとしてみなさんに押しつけたいと考えているわけではありません。どのような教師をめざすのかということはとても重要で根本的な課題だからです。そのため、私たちはみなさん一人ひとりに、私たちの考え自体も批判的に読み解きながら、さまざまな学習や経験を通して自分なりの答えを探し続けていってもらいたいと考えています。本書が、その助けになれば幸いです。

2. 本書の特徴

以上の願いを共有しながら、私たちは、特に次の三点を意識して本書を作成しました。

一つ目は、教師になるために、すなわち、免許を取得したり教員採用試験に合格したりするために教員養成課程在籍中に習得してもらいたい視点や内容だけではなく、教員免許を取得して教職に就いてからも問い直し続けたり必要に応じて見直したりしてもらいたい

と考えている視点や内容を含めることです。教師の仕事は多様であり、また、さまざまな喜びや困難をともなうものです。そして、教師として直面する課題は、子どもたちや学校の状況、経験年数や学校内での役割、教育政策の変化などによって多様なものとなります。そうした中で、日々直面する課題への取り組みが対症療法的なものにならないようにするためにも、常に立ち返り続けるべき「大きな問い」「それぞれのステージで考え続けていくべき問い」をみなさんと共有できるようにすることを意識しました。

二つ目は、いわゆる「ノウハウ本」「ハウツー本」ではなく、自身の現状や学校教育をめぐるさまざまな事象や議論を自分なりに読み解き、授業改革や学校改革につなげられるようなものをめざしたことです。ただし、自分なりに読み解いたり実践につなげたりするためには、まず、そうした事象に関する事実や現在行われている議論などを丁寧に理解し、それに基づいて考えることが必要です。そのため、各章では近年の教育をめぐる動向や議論におけるキーワードを取り上げるとともに、それらを批判的に検討するという内容を含めることを意識しました。

三つ目は、学問的な議論と具体的な実践とをつなげて考えられるようにすることです。理論や原理などに関する学問的な議論は、授業の豊かさや実践の可能性を広く見渡し問い直すために重要なものですが、ともすれば実践との関係が見えづらかったり、その重要性や意義が見失われたりしがちです。また、どれほど理論や原理について知っていたり考えていたりしたとしても、それを具体的な実践に結び付けることができなければ、「絵に描いた餅」で終わってしまいかねません。さらに、実践を無理に理論や実践にあてはめようとしてしまうと、子どもたちの実態に合わない実践に陥ってしまう危険性もあります。そのため、本書では、学問的な議論をどのように実践に生かすことができるのか、また逆に、実践をくぐることによって学問的な議論をどのように深めていけばよいのかを感じられるようなものにすることを意識しました。

子どもや教師、学校には、大きな可能性があります。そして、そうした可能性を信じ、見出し、できるかぎり伸ばしていくうえで、教師の専門的な力量は不可欠です。本書を用いた学びを通して、自身の教職生涯をおおまかにイメージするとともに、学び続け、成長し続けられる教師としての力量を形成していってもらえたらと考えています。

3. 本書の構成

本書は、「教師をめざすみなさんへ」および10章と「教職入門から教職実践実習、そしてその先へ」で構成されています。

第1章「教師像を描く」では、教師が「専門家」「専門職」として職務に取り組むために必要となる力量の内容や、どのようにしてそうした力量を高め、成長していくことができるのかを扱います。この章を通して、教職生涯の大まかなイメージをつかむとともに、自身のめざす教師像を問い直してもらえればと考えています。

　教師が主として関わる学校教育とは、国の方針に沿いつつも、各学校の置かれている状況や子どもたちの実態などをふまえて創造され、実践されるものです。そこで、第2章「授業づくりの多様性と可能性」では、主に教科教育の授業づくりを念頭に置いて、近年の教育改革における議論もふまえながら、教育方法が持つ多様性と可能性について考えていきます。また、学校教育とは、教科教育のみを行う場ではありません。多様な学習活動を通して道徳性や価値観の形成を促すことや、自身の生き方を探求する機会をつくることなどもめざされます。そこで、第3章「市民性を育てる道徳教育」では特に道徳性や価値観の形成と発達に関わる取り組みとそれに関する議論を、第4章「生きる主体を育む『進路指導』」では一人ひとりが自らの働き方・生き方をつくる主体となっていくことに資する取り組みについて考えていきます。そして第5章「教育課程を創造する」では、学校で子どもたちに身につけさせるべき力を定めたり、その実現に向けた教育課程編成を行ったりすることに関する議論を扱います。さらに、第6章「子どもの学習権から学校をとらえなおす」では、学校の歴史的な性格をふまえるとともに子どもの学習権保障を念頭に置きながら、学校に期待されている役割や学校が有する機能などについて扱います。

　ところで、学校における教育活動とは、必ずしも個々の教師によって独自に取り組まれ、成立しているわけではありません。多様な専門性を持つ教職員が、場合によっては学校外の専門家たちとも連携しながら創り上げていくものです。こうした視点から、第7章「多様な教育的ニーズから創造する教育」では、学校外の専門家や諸機関などとの連携も視野に入れつつ、多様な子どもと向き合い、それぞれの持つニーズを受けとめ、一人ひとりの発達を支える教育活動のあり方について考えていきます。続く第8章「多様な専門性をふまえた協働の可能性」では、教職員の連携や学校経営のあり方などについて考えていきます。そして第9章「学校・家庭・地域で育つ／育てる」では、学校と家庭・地域との連携をめぐる問題と地域における子ども・若者の育ちについて考えていきます。

　以上をふまえて、第10章「子どもに学び、同僚とともに成長し続ける教師」では、特に「実践記録」に焦点をあてて、子どもをどう理解し、どう向き合っていく必要があるのかについて考えていきます。

　そして「教職入門から教職実践実習、そしてその先へ」では最後に、私たちが取り組んできた教職実践演習の具体像を示すとともに、みなさんへのメッセージを述べたいと思い

ます。

4. 本書の使い方

　教育職員免許法施行規則の一部改正（2008年通知、2009年施行）により、2010年度以降の入学生を対象として、必修科目である「教職実践演習」が新設されました（4年次配当科目のため、2013年度より開講）。この科目のねらいは、教育実習を終えた4回生が、教育実習やそれまでの教職課程における自身の学びをふりかえり、教師として最小限必要な資質や能力が身についているかを確認することにあります。

　ただし、教育実習とはそれまでに大学の授業などを通して学んできたことを基礎としながら取り組むものです。大学での学びをふまえて教育実習に臨み、教育実習をふりかえりながら自身のさらなる成長に生かしていくことを考えたとき、実習までに履修するさまざまな授業の中で関係する章を読んだり、実習前にその内容をふりかえったりしながら、学習を深めていってもらいたいと考えています。そして、教育実習を終えた後で改めて本書を見返し、自身の経験とも照らし合わせながら、考えを深めてもらいたいと思います。

　また、上述したように、本書は教師になる前だけではなく、教員免許を取得して教職に就いてからも問い直し続けたり必要に応じて見直したりしてもらいたい内容を盛り込むことを意識して作成しました。「教育実習に行く前に、自分はこんなことを考えていたな」「1年目には、こんなことをめざして授業づくりを行っていたな」「3年経って、自分の考えはこんなふうに変化してきたな」というかたちで、自身の教員としての歩みを確認し、ふりかえり、先を見通すために繰り返し開いてもらえると嬉しく思います。

　なお、本書で取り上げるそれぞれのトピックに関しては、理論や実践に関する多くの優れた研究蓄積が存在しています。しかしながら、限られた紙面に多くの内容を盛り込むことはできませんでした。そこで、各章の最後に、それぞれの章で扱った内容を深めるための参考文献を、ごく一部ですが紹介しています。本書の内容を深めたり広げたりする際に活用してもらえれば幸いです。

　本書で書かれていることが必ずしもすべての人にとって納得のいくものであったり、絶対的な「正解」であったりするわけではありませんし、私たちも、みなさんがそのようなスタンスで本書を読むことを望んでいるわけでもありません。ぜひ、自身の学習や経験をもとにしてその時その時に考えたことを書き込みながら、自身の「拠り所」の一つとなるような、「自分なりの一冊」を作り上げていってください。

（木村　裕）

第1章
教師像を描く

Keywords: 教師像、子どもの現実、学校づくり、教師の働き方

第1章で学ぶこと

　教職課程の受講生の皆さんには、関連する授業全体を通して教職への意欲を高め、自分のめざす教師像と教師としてのライフコースを、確かでゆたかなものとして描いてほしいと願います。第1章では、まず、自分の持つ教師像を対象化し、当たり前に思っている自分の中の教師像がどのように形成されたのかを考えてみてほしいのです。そして、子どもと学校の現実をしっかりとらえて、それに対応できる教師像はどのようなものかを探究してもらいたいと思います。そのためには、社会の中の学校、地域の中の子ども・家族といった視点が大切です。学校のあり方も、子どもの生活も、社会と時代の複雑な状況と結びついています。同様に、教師もまた同じ社会状況の中で生きていきます。そうした視野を持って自分の教職人生を描いてみてほしいと願っています。

1. 自らの教師像を問い直す

　みなさんは、そもそもどんな先生になりたいと考えて教職を目指すのでしょうか。自分の描く教職像は多くの場合、なぜ教職を目指すことになったのか、きっかけが何だったかとも関連するようです。「教職論」の授業の受講生で、「素敵な先生との出会い」をあげる人が結構いるのはうれしいことです。いくつか示すと、「進路で悩んでいる時、相談に乗ってくれた」「受験の前に補講してくれた」「部活でともに汗を流した」などという声もありました。進路相談が印象に残っているので、進路相談のできる教師になりたいとか、受験の前に補講できる教師になりたいというわけではないでしょう。子どもの側から見れば、教師の個別の行為の背景にある「その時子どもであった自分の、一番のニーズに応えてくれた」ということが大事な問題ですね。子どもが一番切実に求めているものにかみ合った教師の応答が印象に刻まれているのです。子どものニーズに応答する教師と言えばよいでしょうか。

　そうすると、教師の側から言えば、その子がどのようなニーズを持っているかをつかむことが大事だということになります。多様な子どもがいて、それぞれのニーズにも違いがあり、そのニーズも整理されて出ているものばかりでなく、屈折した表現や、時として伏在しているものもあるわけです。それを把握して的確に応答するというのは教師の高度な専門力量です。

　教職論の授業でこうした内容を取り上げると、授業感想には、「自分の教師像が大きく変わった。教科書に書いてあることをうまく伝えればよいのだと思っていたが、それだけでなく、相当奥の深い仕事だと思った」などという記述が出てきます。

　不登校やいじめ、複雑な家庭背景や貧困の問題なども取り上げると、「まじめで良くできた自分のような子ども」だけでない、さまざまな背景を持った子どもがいること、そして、教師になるとそうした子どもを相手にするのだ、ということが認識されるようになり、教師の仕事の複雑な総合性にも気づくことになります。自分の知らない生活世界で、自分の体験してきた育ちのストーリーとは別の物語を生きている子どもたちがいることが浮かび上がるわけです。しかも、こうした子どもとの応答は、授業時間中だけ、教室の中だけでは完結しないのです。

　多彩な物語を生きている子どもたちと向き合い、教師として、自分ならどう関わるかと考えることが求められます。教職は対人援助の専門職であり、「自分という人間」を使って、「独立した別の人格である子ども」に働きかける仕事です。ですから、子どもの人格の尊

重とその子への理解が必要であると同時に、人間としての自分を磨いていく必要があるわけです。看護職においても介護職でもそれは共通する課題ですが、学校における教職の特性としては、子どもを教え育み、その対象が集団的な存在だということがあります。特定の個別の子どもへの応答を集団の中で行うという難しさも加わるわけです。学校生活は集団で行われていますので、学級・学校という集団の中で生活している子どもを見るとき、子どもと子どもの関係を考えるという目も必要になります。その際、子どもが所属している集団の特質も考慮しなければなりません。そして、子ども同士をつないで社会的な連帯性を育てるのです。これは教科指導・教科外指導の枠を越えて常に考えるべき指導観点です。このように考えると、「黒板の前に立って教科書を教える授業者」というイメージの教師像は大きく問い直されることになります。

2. 子どもと学校の現実を見つめ直す

　近年の中学校の要注意日は9月1日だと言われてきました。夏休み明けです。二学期を迎える中学生の自殺が集中するのです。各地の教育委員会では、この時期に自殺予防の対策に取り組んでいるところもあります。二学期が始まるのが死ぬほど辛いと思って子どもが死を選ぶのはどうしてでしょうか。要注意日に関わって何件もの同様のニュースが報道される訳ですから、「死を選んだその子どもが弱かった」というだけではすまない問題だと思います。自殺を考えながら辛くも思いとどまった子は、既遂の子どもの何倍もいるに違いありません。いま、子どもは何に苦しんでいるのかを考えなくてはなりません。子どもの内側から問題をとらえる視点が必要です。学校は、子どもの命を輝かせるという使命を持っています。その学校が、子どもの命を削る場になっているとしたら、学校で働く教職員は学校のあり方そのものを問い直さなければなりません。

　そもそも、学校とは何か。本来、学校は社会においてどのような役割を期待されているのか。それはまた、人間にとって教育とはなにかという問いにもつながります。

　著名な経済学者・宇沢弘文は「ゆたかな経済生活を営み、すぐれた文化を展開し、人間的に魅力ある社会を安定的に維持することを可能にするような社会的装置」を「社会的共通資本」と呼び、学校教育をその重要な要素と位置づけました。宇沢は教育の意味を次のように述べています。「一人一人の子どもが持っている多様な先天的、後天的資質をできるだけ生かし、その能力をできるだけ伸ばし発展させ、実り多い幸福な人生をおくることができる一人の社会的人間として成長することをたすけるものです」(宇沢2000、4頁)。

　幸福追求権(日本国憲法第13条)の基底的な保証と言うべきでしょうか。同条には、以

下のようにあります。「すべて国民は、個人として尊重される。生命、自由及び幸福追求に対する国民の権利については、公共の福祉に反しない限り、立法その他国政の上で、最大の尊重を必要とする」。

このような教育と学校の社会的な役割を踏まえて、子どもの目線で教育と学校の現実を問い直す必要があります。歴史的視点や社会的視点の中で吟味することだと思います。そのような視点を持てば、出来合いの規範を振りかざして「こうあるべき、こうあらねばならない」という「ベキネバ症候群」から距離を取って子どもに寄り添うこともできるでしょう。いま学校現場では、「○○スタンダード」などという呼び方で、学習上や生活上の目標・スタイルを示しているところもあります。それが、規範性を強めると、努力目標にとどまらずに子どもにとっての桎梏になる危険があります。

学校における規範性の強まりが縛るのは、子どもだけではありません。本来は支え合う教職員の同僚関係にも大きな影を落とします。教師同士が自由な論議ができずに、縛り合う関係で息苦しくなるのです。そうなると、自分の人間的感性を生かすよりも出来合いの規範に従うことが優先され、「マニュアルに縛られた教師が子どもを縛る」ということになりかねないと危惧するのです。

教師の実践を縛る問題として気になるのは、「特別扱いはダメだ。平等に扱え」という声や眼差しに縛られることです。「平等性」の強調は、本来は積極的な意味も持っていたはずです。しかし、今日では子どものニーズにかみ合った実践を創ろうとするとき、貧困を背景にした生活上の不利を抱える子どもに対しても、合理的配慮や必要な支援に踏み出せないプレッシャーになる危険が増えていると思います。

さらに、教師の人間的な感性を語るとき、見逃すことのできない問題として、教師の日常の勤務がきわめて多忙だということがあります。土日の部活動指導も含め、過労死ラインを超えるほどの超過勤務が問題になっています。文科省が2016年に実施した「教員勤務実態調査」(1)の結果によれば、中学教諭の6割近くが「過労死ライン」を超えて働いていることが明らかになりました。このような長時間労働に加えて、子どもや保護者の困難に向き合う対応には、葛藤も生まれストレスを含む過重さが問題になります。全国都道府県教育長協議会も、2017年3月に「教員の多忙化解消について」という報告書を出すに至っ

---

(1) 文科省が2016年に実施した「教員勤務実態調査」。教職員指導体制の充実、チーム学校の推進、学校の業務改善の推進等の教育政策について、これらが教員の勤務実態に与える量的・質的な影響を明らかにし、エビデンスを活用した教育政策の推進に必要な基礎的データを得るため、「教育政策に関する実証研究」の一つとして、教員の勤務実態に関する調査研究を実施したもの（平成28・29年度の2か年計画で実施）。

ています。このように余裕のない中では、困難な子どもに心を寄せることを求めるのは過酷なことです。「教師の労働条件は子どもにとっての教育条件」と言われますが、こうした教師を巡る社会状況を改善する努力も緊急に求められていると言えます。

3. 社会の中の学校・地域の中の家族と子どもをとらえ直す

　前項では、子どもと学校を歴史的・社会的視点で捉え直すことの大切さを指摘しました。では、いま現実の学校を歴史的・社会的視点で眺めてみると、どのような問題が浮かび上がるでしょうか。

　子どもをめぐっては、「子どもの貧困」が社会問題として注目を集めるようになっています。厚生労働省によれば、子どもの貧困率は16.3％で、6人に1人が「貧困児童」だといいます（2012年）。2013年には「子どもの貧困対策推進法」が成立しましたが、事態が大きく改善したとは言えません。阿部彩は「18歳から39歳の比較的若い年齢で、薬物依存、ホームレス、若年妊娠、自殺など極度の社会的排除の状況に追い込まれてしまった人々の子ども期からの生活史を丁寧に調べ」「彼／彼女らの圧倒的多数が子ども期を貧困の中で過ごしており、金銭的困窮以外にも複数のリスクを抱えていた」と報告しています（阿部2014）。

　社会的排除の風潮が強まるなか、学校に自分の居場所がないと感じる子どもがいます。以前勤務した大学で、ある学生は「高校生の時は障害者用トイレでお弁当を食べていた」と教えてくれました。一緒に食事する友だちがいなくて、まるでよその教室に行くようなふりをして障害者用のトイレにこもったというのです。彼女はその理由を、「教室で1人で食べるのは地獄だし、友だちが居ないんだと思われるのは絶望だ」と説明しました。このような体験を誰にも言えず、大学生になって初めて授業感想の中で打ち明けたといいます。教室に居場所がないと感じる中では、能動的な深い学びを追究するのは難しいでしょ

---

(2) 全国都道府県教育長協議会第4部会、平成28年度研究報告№4「教員の多忙化解消について」（平成29年3月）。また、平成30年には、同第3部会が「平成29年度研究報告書№3」を出した。「教職員の長時間労働を解消するための業務改善（働き方改革）について」平成30年3月全国都道府県教育長協議会第3部会。
(3) 厚生労働省によれば、2012年調査で、子どもの貧困率は16.3％、6人に1人が「貧困児童」でした。2013年には「子どもの貧困対策推進法」が成立しました。2015年の子どもの貧困率は13.9％で、前回調査時より2.4ポイント改善しましたが、ひとり親世帯の子どもの貧困率は50.8％と半数を超えています。子どもの貧困率は改善傾向にあるものの、子どもの7人に1人がまだ貧困状態にあり、高止まりしているのが実情です。ひとり親世帯の貧困率は相変わらず5割を超えています。先進国は2割未満の国が多く、経済協力開発機構（OECD）加盟国の中では依然として最低水準にあります（「平成28年国民生活基礎調査」結果による）。

う。学級がどの子にとっても安心できる居場所になり、先生や友だちが信頼できる相談相手だといえるような学校にしていきたいものです。

重複した困難を抱える子どもは、多くの場合、その家族や家庭への支援をも必要とします。そのような子どもにとっては、自分が困難を抱えていることに気づいてくれる大人の存在が何よりも必要なのです。子どもが身近に接する家族以外の大人として、教師がそのような子どもの困難に気づくことで大きな役割を果たすことができます。気づいた教師が一人で問題を抱え込むのでなく、同僚と相談し学校としてできることを考えると共に、学校内外の専門職や社会的なネットワークをいかしていけるようなコーディネートの力量が必要になります。学校と教師をこのような社会状況の中に置いてみれば、今の時代を生きる教師の専門的力量として、社会的に存在する子ども支援のネットワーク知り、それを活かしていくようなコーディネート力も期待されると思います。

北海道の高校養護教諭である山形志保は、「『貧困』は多くの場合、『低学力』『病気』『虐待』『犯罪』『家族離散』など、その他の困難の要因や結果としてともに存在しており、単に経済的側面の解決を図るだけで子どもの生活が保障されるというような単純なことではなくなってきている」といいます。そして、「1人の生徒、一つの家庭を幾重もの困難が取り巻いているケースに出会ってきた中で、私が特に重要だと感じているのが人とのつながり、コミュニティの側面である」と述べるのです。それは養護教諭として、困難を抱える生徒たちに関わってきた実践経験に基づいていて説得力があります。「貧困状態での孤立、あるいは関係性の貧困といったことが『貧困問題』おける事態の深刻さをよりいっそう深めていると感じる一方で、この側面にこそ、問題を解決していく希望の灯が立ち現れているのではないか」(山形2013)という指摘は、中退した女子生徒を自宅に引き取り、しばらくは、料理を含む生活づくりをともにするなどしながら、地域の福祉専門職や支援ネットワークとつながり、何年にもわたる元生徒の再生の長い道のりを見つめてきた支援実践に裏付けられているのです。

このような実践記録を読むと今日の子どもの困難を解決する取り組みは、福祉的な支援が欠かせないと感じますし、その福祉的支援がその子の成長にとって意味あるものになるよう教育的に組織されるといいと思います。これも上述した教師のコーディネートの力が発揮できるといいでしょう。

4. 教職生涯を描き直す

私の現場教師経験は、小学校教師5年、中学校教師（社会科）26年です。31年間の教師生

活で、子どもと向きあいつつ自分の教師像を何度か描き直してきました。それは自分の持っている教師像が転換したと感じることでもありました。そのことを紹介しながら私自身の教職生涯を素描して、皆さんが教職生涯を展望する参考に供したいと思います。

(1) めざすは「文化の種を蒔く教師」だったが……

　もともと教員養成学部の出身ではなく、法学部の学生で教師になるつもりもなかったので教員免許は取得しませんでした。市役所職員として働いていた23歳の時に、友人の父親であった教師の語りを聴いたことが教職をめざすきっかけになりました。四国山地の山の中の小さな学校を転々とした教師だったその人は、「どんな山の中でも、村があれば学校があり、学校には子どもがいる。学校には同僚もいて、地域に父母がいる。そんな日本の隅々で文化の種を蒔く。それが教師の仕事だ」と言ったのです。これを聞いて一念発起。それから教員免許を取得しました。25歳で小学校教諭になり、30歳で中学校に異動しました。「日本の隅々に文化の種を蒔く」という言葉こそ、私を教職に駆り立てた「天の声」だったのです。

　中学校の社会科で、人権、平和、民主主義など大事な文化の種を蒔こうと思いました。中学生の「荒れ」が社会問題にもなった時代です。暴力と破壊が渦巻く中学校で、空回りしながら何人もの「やんちゃ坊主」と関わりました。悪戦苦闘の数年を経て、ある日ふと気づいたのです。教師が種を蒔くということは、種を持つのは教師だということになる、これは違うのではないかと思いました。このように振り返れば、教壇の上から「文化の種」を蒔くと嘯いた私の教師像は、教師主体の啓蒙主義的教師像だったのです。では、種はどこにあるのか。

(2) タネは子どもが持っている――子どもとの出会いによる気づき

　子どもの暴力や破壊行動が繰り返され、すぐにはどうにもならない困難に直面して、その攻撃性を理解しようとしたとき、その子を突き動かすような攻撃的な感情がどこから生まれどのように噴出してくるのかを考えました。家庭訪問を繰り返し生活の現場で子どもの生きる姿を見たとき、その攻撃性は「どう生きればよいのか」を問い求めて吹き出すマグマのようなものだと思いました。その子に自分のやりたいことや挑戦の筋道が見えたとき、マグマは見事に流れ出しました。

　そのようなドラマに出会いながら、「タネは子どもが持っている」のだと得心したのです。子どもが持つ種は、当然ながらみんな違い、芽の出る時期も咲く花も、成る実にしても同一のものはあり得ません。子どものうちに深く胚胎されたタネの存在を信じて、光を

当て水をやるのが教師の仕事なのだと考えるようになりました。その気づきに至るまでは、「粒ぞろい」や「粒より」を求めているような教師で、一人ひとりの子どものかけがえのなさが後景に下がっていたのだと振り返っています。

(3) タネを持つ存在だと自分を信じられる子どもを育てる——子どもの困難と自己否定感

しかしその後、自分がタネを持つ存在だということを、その子自身が思えなくなっているのではないかと考えるようになりました。象徴的な言葉に出会ったのです。「どうせ俺なんか」とか「どうでもいいんや」などの捨て鉢な子どもの台詞です。さらに、子どもの自殺が社会問題になって、彼や彼女の痛切な遺書の中に自己否定感の極みのような言葉を読むことになりました。

2016年の夏休み明け、青森県の中学校2年生が自殺しました。残された彼女の遺書には、次の言葉が残されていました。「……みんなに迷惑かけるし、悲しむ人も居ないかもしれないくらい生きる価値本当にないし……」(毎日新聞web版2016年8月30日)。彼女は学級や部活動の中でいじめに遭い、絶望したように見えます。しかし、そこで絶たれた望みは、悲しみや苦しみを共に感じてくれる人を求め、自分の生きる意味をつかみたいという望みなのだと思います。その思いを断つことなく、どう活かすのか。教師や周りの大人にそのことに気づいてほしいという願いも伏在しているのは間違いありません。

このように考えるので、「子どもの内面の真実に出会える教師に育ってほしい」という願いと期待を持って学生の皆さんに向き合いたいと思っています。

(4) 教師として何を大事にするのか——同僚とともに学校づくり

そうはいっても、教師が目の前の子どもの内面の真実に出会うのは、教師を取り巻く条件からもなかなか厳しいことだと思います。

2017年3月、福井県池田町の中学二年生が自殺しました。この件について、「池田町学校事故等調査委員会報告書」が出されているので、報告書の内容を見てみましょう。(4)この男子生徒は、頑張って取り組んでいた生徒会役員について「担任から生徒会を辞めるようにとの叱責や、副担任から弁解を許さない理詰めの叱責など、関わりの深い担任、副担任の両教員から立て続けに強い叱責を受け、精神的なストレスが大きく高まった」結果、「担

---

(4) 福井県池田町自殺事件調査報告書。町のホームページには掲載されず、地元紙福井新聞が概要版の全文を報道している(2017年10月19日午後1時25分、福井新聞)。また、福井県議会は、福井県池田町立池田中学校で2年の男子生徒が飛び降り自殺した問題を受け、19日の本会議で、県に教育行政の抜本的見直しを求める意見書を可決した(毎日新聞2017年12月20日、福井地方版)。

任、副担任の厳しい指導叱責に晒され続けた本生徒は、孤立感、絶望感を深め、遂に自死するに至った」とされ、報告書は「学校の対応に問題があったと言わざるを得ない」と指摘しています。報告書は「本生徒の経歴と事実経過」を丹念にまとめ、「中学2年生の10月以降、課題提出の遅れや生徒会の活動準備の遅れなどを理由に担任や副担任から厳しい指導叱責を受けるようになり、教員の指導に対する不満を募らせていった。叱責を受け、課題の遅れなどに適切に対処できない日々が続く中で、精神面における外傷的な体験をし、自己評価や自尊感情を損な」ったと指摘されています。

　そして、報告書にはこの件をもとにした「提言」も書かれています。そこには、生徒についての理解、教職員の情報共有と学び合いの重要性が以下のように指摘されています。「とりわけ中学校段階では、教員は生徒の学習活動の遅れ生活態度に目がいきがちになるが、根底にある発達特性を踏まえた生徒理解が必要である」「教師は自己研鑽だけでは優れた教師にはなれない。教師は生徒指導に関し、同僚との指導事例の語りと傾聴の中で、自己の指導の限界を知りより適切な指導を導き出していくことができるものである。学校の中に、生徒のことに関して気軽に話し合う教師同士の学び合う文化を構築していかなければならない」。このように同僚とすすめる学校づくりの大事さが指摘されているのです。

　この提言が指摘するようなことが課題になる背景をどう考えればよいのでしょうか。それについては、福井県議会が注目すべき意見書を出しています。そこでは、「池田中学校の事件について、学校の対応が問題とされた背景には、学力を求めるあまりの業務多忙もしくは教育目的を取り違えることにより、教員が子どもたちに適切に対応する精神的なゆとりを失っている状況があったのではないかと懸念するものである」「『学力日本一』を維持することが本県全域において教育現場に無言のプレッシャーを与え、教員、生徒双方のストレスの要因となっていると考える。これでは、多様化する子どもたちの特性に合わせた教育は困難と言わざるを得ない」と指摘し、具体的な項目では、「子どもたちが自ら学ぶ楽しさを知り、人生を生き抜いていくために必要な力を身につけることことが目的であることを再確認し、過度の学力偏重は避けること」「教員の多忙化を解消し、教育現場に余裕をもたせる」ことなどを上げています。

　この「意見書」も指摘するように、今日の教師の労働環境に目を向ければ、過労死ラインを超えるような長時間で過酷な勤務実態があります。子どもの発達援助の専門職として、現に生きている子どもを巡る対応が後回しにできない厳しい状況が生まれるのも事実です。しかしまた、子どもの発達上の課題、教育上の課題を把握するためには、人間的な感性を磨いていくがとても大切で、疲労が蓄積する中では困難なことです。「教師の勤務条件は子どもの教育条件だ」と言われるのは、このような教師の労働の特質を示している言

葉です。専門職として勤労者として、心身ともに健康で働き続け、教師として成長していくために、教師の労働条件を含む教育条件の整備を求めて社会的に発信していくことも重要な課題なのです。

引用・参考文献
宇沢弘文『社会的共通資本』岩波新書、2000年、4頁
山形志保「貧困と孤立のなかで生きる子どもたちの育ちと暮らし―高校保健室で出会い寄り添う」
　教育科学研究会編『子どもの生活世界と子ども理解』かもがわ出版、2013年、34頁
阿部彩『子どもの貧困Ⅱ』岩波書店、2014年、168頁
「池田町学校事故等調査委員会報告書」2017年10月
福井県議会「福井県の教育行政の根本的見直しを求める意見書」平成29年12月19日

学びを深めるための図書案内
子どもの貧困白書編集委員会編『子どもの貧困白書』明石書店、2009年
田中孝彦他編『現実と向き合う教育学―教師という仕事を考える25章』大月書店、2010年（特に、
　第18章「現代における教師の仕事」勝野正章）
稲垣忠彦『戦後教育を考える』岩波新書、1984年
無着成恭編著『山びこ学校』岩波文庫、1995年
山崎準二『教師という仕事・生き方―若手からベテランまで 教師としての悩みと喜び、そして成長』
　日本標準、2005年
福井雅英『子ども理解のカンファレンス―そだちを支える現場の臨床教育学』かもがわ出版、2009年

学習課題
●教師、学校が登場する文学作品や映画のいくつかに触れて、気に入った作品についてコメントを書いてみましょう。
●これまで出会った教師で印象に残る人物に、自分の関心ある問題についてインタビューしてみましょう。

（福井雅英）

コラム

働き方改革と教師の仕事

　教師の労働が長時間過密で、学校現場はブラックな働き方になっているというのは、社会的に広く知られるようになってきました。たとえば、新聞報道では以下のような報道も出ています。

　「2016年度の中学校教諭の1週間あたりの平均勤務時間は63時間18分で、10年前より5時間12分増えたことが、文部科学省の調査（速報値）で分かった。『過労死ライン』に達する週20時間以上の残業をした教諭が6割近くを占めた。土日の部活動の指導時間が10年前の2倍になったことなどが主な要因。小学校も含め、校長や教頭など全ての職種で勤務時間が増えており、「教員の多忙化」が進んでいることが改めて浮き彫りになった」（毎日新聞2017年4月28日）。

　このような現状を改善しなくてはならないというのも、政府を含め共有された社会的な課題認識になっています。文部科学省は「学校における働き方改革に関する緊急対策の策定並びに学校における業務改善及び勤務時間管理等に係る取組の徹底について」という事務次官通知（2018年8月9日）を出しました。その中では「限られた時間の中で、教師一人一人の授業準備や自己研鑽等の時間を確保するとともに、意欲と高い専門性をもって、今まで以上に一人一人の児童生徒に丁寧に関わりながら、質の高い授業や個に応じた学習指導を実現するためには、学校が担うべき業務、教師が担うべき業務を改めて整理した上で、教師の専門性を踏まえ、各学校や地域の実情に応じて、役割分担・適正化を図っていくことが必要である」と指摘しています。「意欲と高い専門性」を壊さないで「役割分担・適正化」を図ろうとするなら、教師の仕事の核心を改めて考えなければなりません。そうでないと、「仕事のスリム化」が一人歩きしてしまいそうです。

　現状があまりに過酷なので、緊急避難的に総量規制を考えたくなります。先の通知の中では「業務改善」の項目を例示もしていますが、【学校の業務だが、必ずしも教師が担う必要のない業務】として、「校内清掃」や「部活動」と並んで「児童生徒の休み時間における対応」なども上がっています。「学校や地域、教職員や児童生徒の実情に応じて」進めるようにとされていますので、各学校でも大いに議論が進むとよいと思います。しかし、現場教師の強いニーズは「子どもとふれあう時間と教材研究の時間が欲しい」というものです。これは教師の仕事の本質に根ざした「子ども研究と授業研究」につながる要求なのです。そもそも、教師が目指すのは、子どもが知識・文化と出会い、学びを通して人間的に成長し、市民的自律性と社会連帯性を育てることであり、そのために子どもの人格に働きかけるので、教師の仕事は総合的包括的な内容にならざるをえません。

　一方で、教師の意識の有り様を問題にする指摘もあります。教師に献身性があり、何でも「子どものために」と言ってやり過ぎるのが問題だ、というのです。しかし、「子どもへの献身性」は「教師の生きがい・働きがい」とつながっています。本当に必要なのは、教師が安心して子どもに献身できる条件整備なのだろうと思います。

　ある教育研究会で教師の声を聞いてみました。「一番削減して欲しいことは学力テストと教員免許状更新制度、一番増やして欲しいのは正規教員」という発言に周りの教師たちが頷いていました。

（福井雅英）

第2章
授業づくりの多様性と可能性

Keywords: 授業づくり、教育目標、教材、学習形態、教授行為、教育評価

第2章で学ぶこと

　みなさんは、どのような授業を実践したいと考えますか。また、そうした授業を実践するためにはどのようなことに留意しなければならないと考えますか。おそらく、めざす授業のイメージや実践の際の留意点などは、一人ひとり異なっていることと思います。そしてその違いは、多様で豊かな実践を生み出す重要な原動力となります。ただし、学校教育の場で実践される授業は、自身の持つ授業のイメージや考えのみに依拠して展開されるべきものではありません。これまでに重ねられてきた実践や理論に関する議論をふまえながら計画すること、そして、計画した案を実践し、他者との議論を通じて改善していくことが重要です。本章では、授業づくりに必要な力量を高めるための取り組みの一端として、授業づくりに際して意識しておくべき基本的なポイントを理解するとともに、豊かな授業の創造に向けた検討課題について考えていきましょう。

1. 授業の多様性と可能性を生み出すもの

　これまでに自身が受けてきた授業や見学者として参観した授業を思い出してください。とても多様な授業が展開されていたのではないかと思います。たとえ同じ教科書を使って同じ単元の同じ内容を扱った場合でもまったく同じ授業になることはなく、「その先生らしい」授業が展開されるものです。また、そうした授業の中には、みなさん自身にとって参加しやすかったり自身も実践してみたいと思う授業もあれば、自身にとっては参加しづらかったり自身のめざすものとは異なると感じる授業もあったのではないでしょうか。
　授業は、教師の考え方や知識・経験、キャラクター、授業をとりまく諸条件などの違いによって、さまざまな様相を呈します。また、学習者の得意・不得意なことや性格、興味関心などが異なる以上、すべての学習者にとって「完璧」な授業のあり方を規定することはできません。したがって、授業づくりには「正解」があるわけではありません。
　さらに、授業は、そこに関わる教師や子どもたちをはじめとするすべての人たちの関わりの中で実践されるものであるため、教師が事前に立てた計画通りに進むわけではありませんし、計画通りに進むことが良いというわけでもありません。授業とはそこに関わるすべての人たちによってかたちづくられる「作品」であり、さまざまな要因が複雑に絡み合って構成されるものなのです。そして、だからこそ、授業は無限の多様性と可能性を有するものであるとも言えます。
　もちろん、授業の持つこうした多様性や可能性を生かすためには、教師の力量が欠かせません。そしてそうした力量を高めるためには、授業を計画して実践する経験を積むことはもちろん、学問的な議論や教科等に関する知識やスキルを身につけることや、自他の授業の「省察」を繰り返しながら新たな実践の可能性を模索し続けることも重要です。具体的には、自身が授業を行うこと、他の教師の授業を見学すること、授業研究を行うこと、実践記録を読むことなどが、その助けとなるでしょう。

2. 授業の基本的な流れ

　上述のように授業づくりに「正解」があるわけではありませんが、授業づくりを行うにあたって、授業を構成する基本的な要素や検討すべきポイントを意識しておくことは重要です。これによって、最低限の要点を外さない授業づくりを進めることが可能になると考えられるためです。ここではまず、図1に示したように、「導入」「展開」「まとめ」の3段

図1　授業の流れ　　　　　　　　　（図は、木村が作成）

階から成る授業について考えてみましょう。なお、こうした学習活動の3段階は、1時間の授業の中にすべて位置づけられる場合もあれば、図2に示したように、複数の授業のまとまりである「単元」を通して位置づけられる場合もあります。

　授業のはじめの段階に設定される「導入」の主な目的は、学習者の学習への動機づけや学習の方向づけ、そして、「その授業で取り組むべき課題」の確認です。授業で扱うテーマに関して、学習者がすでに一定の知識や経験を持っていたり、興味関心を持っているとは限りません。また、「どのような課題の解決をめざして学習を進めれば良いのか」「何を知ったりできるようになったりすれば良いのか」を学習者が把握することによって、学習者もその後の学習を主体的に構想したり工夫したりしやすくなります。「導入」は、こうしたことを促す役割を担っています。また、「導入」の段階では、これから学ぶべき内容を理解するうえで必要となる既習事項の習得状況の確認が行われることもあります。

　続く「展開」では、「その授業で取り組むべき課題」の解決に向けた学習活動が展開されます。具体的には、資料の読解、実験や調査の実施、意見交流などを通して、学習者一人ひとりの考えの拡大や深化などがめざされます。この過程を充実させることで、学習者の認識や思考、スキルなどの習得や深まり、定着などが促されます。

　そして「まとめ」では、特に「展開」の過程での成果を整理したりふりかえったりしながら、「その授業で取り組むべき課題」の解決が図られます。これにより、授業のポイントを確認してその定着を図るのです。さらに、その授業における学習を一層深めるための学習課題の提示や、その後の学習に関する見通しの共有などが行われることもあります。

　「習得」「活用」「探究」という学習の3類型の提案や、後述する「主体的・対話的で深い学び」の実現の重要性の提起などに鑑みれば、以上の3段階それぞれの意味や役割を意識し、充実させるかたちで授業を展開することが求められます。ただし、扱うべき学習内容が多くなる中学校や高等学校では特に、授業時数との関係から、毎回の授業や単元をこうした流れで計画・実践することが

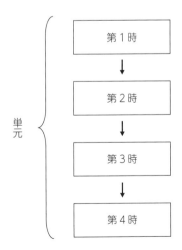

図2　単元構成のイメージ

（図は、木村が作成）

第2章　授業づくりの多様性と可能性　25

困難な場合もあるでしょう。そのような場合には、一年間や三年間という長期的な計画の中にこうした学習活動をどのように位置づけ、どのように学習者の力を高められるのかを検討することが助けになると考えられます。

3.「教育目標」「教材」「学習形態」「教授行為」

図3に示したように、授業はさまざまな要素で構成されます。本節では、授業の主要な構成要素の中の「教育目標」「教材」「学習形態」「教授行為」について見ていきます（本節は、山崎2009や、田中2007などを参考に、筆者の経験も含めて記述した）。

授業づくりの際にはまず、その授業を通して学習者に身につけさせたい力を示す「教育目標」が設定されます。これは、各教科の中で特に扱われる基本的な概念・法則・原理・用語・技術の体系である「教科内容」や、教科以外の領域において、また、複数の教科・領域を通して扱うことのできる「教育内容」を含むかたちで設定されます。たとえば、教科内容としては「現在進行形を用いて、自身が行っていることを英語で表現することができる」などが、教育内容としては「他者との議論を通して、より良い考えを見出すことが

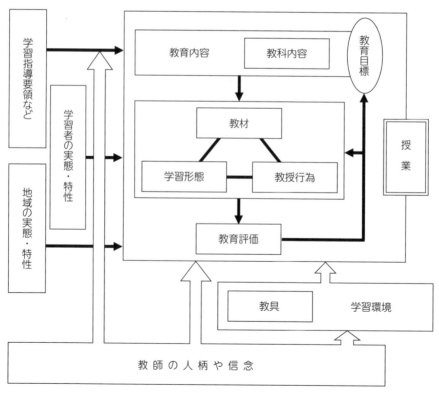

図3　授業の構成要素　　　　　　　　　　（図は、木村が作成）

できる」などが挙げられます。この教育目標を具体的に記述しておくことで、後述する教材や発問などの効果的な選択が可能となります。

　「教材」とは、教科内容や教育内容を学習者に伝えるための材料をさします。教材というと教科書に代表される書物がイメージされやすいかもしれませんが、必ずしも具体的な形状を持った物に限るわけではありません。たとえば演示実験などで示される化学反応などの現象や、ゲストスピーカーによって語られる講話内容なども教材に含まれます。そしてこの教材選択の良し悪しが、授業の効果や性質を大きく左右します。

　「学習形態」とは授業における学習の組織形態のことであり、主に以下の三つに分類されます。一つ目は、「個別学習」です。これは、学習者が一人で調べたり、考えたり、ノートなどに書いたりする学習形態をさします。二つ目は、「小集団学習」です。これは、数名の学習者でグループになり、グループごとに話し合ったり実験・調査などの共同作業を行ったりする学習形態をさします。三つ目は、「一斉学習」です。これは、学習者全員が教師の説明や発問を一斉に受けながら、教師とともに教え学び合っていく学習形態をさします。学習形態はこれら三つに大別されますが、どれか一つの形態が優れているというものではありません。各形態の特性を理解したうえで授業の目的に合わせて使い分けたり組み合わせたりすることが大切です。また、たとえば学習者一人ひとりが教科内容に関する自分なりの意見を記述できるようになることを教育目標として設定しているにも関わらず小集団学習ばかりを行ったり、逆にお互いの意見を他者と伝え合い、議論をしたうえで合意形成を図れるようになることを教育目標として設定しているにも関わらず個別学習ばかりを行ったりすると、教育目標を達成することが難しくなります。そのため、学習形態についても教育目標と照らし合わせながら選択したり組み合わせたりすることが重要です。

　「教授行為」とは教師から学習者への一連のはたらきかけをさすものであり、代表的なものとして、「発問」「板書」「指示」「教材提示」などが挙げられます。「発問」とは文字通り「問いを発する」ことをさしますが、その問いの内容を吟味することが重要です。具体的には、単元や授業の教育目標と結びついた内容になっているか、考えさせたいことに学習者が注目して考えられる問いかけの文言になっているか、学習者の既有知識や経験をゆさぶり展開させる内容になっているか、などを検討することが求められます。発問は、授業を受ける立場からは何気なく発せられているように聞こえるかもしれませんが、授業者の立場に立てば、その内容や文言を十分に吟味し、意図的・計画的に設定して授業に位置づけることが重要です。「板書」についても、「どこに何を書いたり資料を貼ったりするのか」「継続して示し続けるのか、後で消すのか」「強調すべきところはどこか」などを検討することによって、学習者の理解や復習などを促したり学習を深めたりすることにつなが

る板書を実現することが可能となります。同様に、「指示」や「教材提示」についても、「何のために」「いつ」「どのようなかたちで」行うと効果的かを考えて意図的・計画的に行うことが重要です。

4. 教育評価の機能と役割

「教育評価」とは教育活動の多様な側面に関する判断行為をさすものですが、その目的や方法などには多様な立場があります（その詳細については、たとえば、田中2008を参照）。ここでは特に、教育評価の持つ「教師の授業改善、学習者の学習の指針としてのフィードバック」という機能に着目して検討を進めます。

図4は、教育評価の機能を、授業者と学習者それぞれの立場から見たものです。授業者の立場から見た場合、教育評価を考える際に重要となるのが、「指導と評価の一体化」を図るという点です。これは、指導を行ったままにするのではなく、指導の成果と課題を把握してフィードバックし、その後の指導の改善に生かすというサイクルを回し続けることによって、たえず指導の改善を行うことを意味しています。一方、学習者の立場から見た場合、学習者が自身の学習の成果と課題を把握してフィードバックし、その後の学習の改善に生かすことが重要です。ただし、これは必ずしも最初から学習者が独力で行えるとは限りません。授業者には、学習者の自己評価能力を高めるための指導のあり方を検討することも求められるのです。このように、指導と評価、および学習と評価のサイクルをうまく確立することが、教育目標の達成、すなわち、学習者の学力保障につながると言えます。

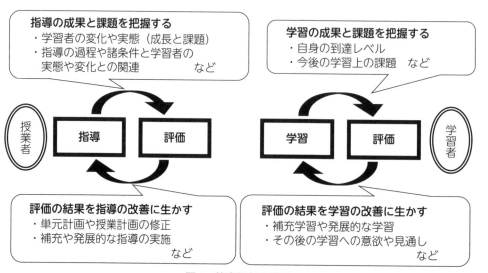

図4　教育評価の機能　　　　　　　　　　（図は、木村が作成）

2001年版の指導要録以降、学校教育の場では、「目標に準拠した評価」が全面的に採用されています。これは、教育目標を評価規準とし、それに到達しているかどうかで学習者の学力を評価する立場です。この立場に立てば、「診断的評価」[1]「形成的評価」[2]「総括的評価」[3]という三つの機能を十分に働かせることによって、学習者の学力保障を達成することがめざされます。そしてそのためには、明確な教育目標の設定と、その到達の度合いを把握するための評価基準や評価課題を設定することが求められます。

5. 授業をとりまく諸要素

　前節までで見てきたように、「教材」「学習形態」「教授行為」「教育評価」はそれぞれ、「教育目標」との関連において選択したり設定したりすることが重要です。さらに、たとえば小集団学習に適した教材や発問なども想定され得るように、「教材」「学習形態」「教授行為」の関連づけも意識することが、効果的な授業づくりの実現につながります。

　ただし、授業づくりの際には図3に示したように、「学習指導要領」をはじめとする国や都道府県・市町村などの方針、学習者の実態・特性（個々の子どもの教育的なニーズ、得意なこと・不得意なこと、人間関係、有する知識や経験など）、地域の実態・特性（地理的・文化的な特徴、学校と保護者や地域住民との関係、利用可能な施設・設備など）にも影響を受けます。

　たとえば、2017年（高等学校は2018年）に告示された学習指導要領の指針となった中央教育審議会の「幼稚園、小学校、中学校、高等学校及び特別支援学校の学習指導要領等の改善及び必要な方策等について（答申）」（2016年12月21日）では、学校教育を通して児童生徒に身につけさせるべき資質・能力を、「何を理解しているか、何ができるか（生きて働く「知識・技能」の習得）」「理解していること・できることをどう使うか（未知の状況にも対応できる「思考力・判断力・表現力等」の育成）」「どのように社会・世界と関わり、よりよい人生を送るか（学びを人生や社会に生かそうとする「学びに向かう力・人間性等」

---

(1) 診断的評価：入学当初、学年当初、新たな単元の指導に入る前、授業開始時などにおいて、その後の学習の前提となる学力や生活経験の実態などを把握するために行われる評価であり、長期的な指導計画の立案、不足している学力の回復、授業計画の修正などに生かされる。
(2) 形成的評価：授業の過程で実施されるものであり、新たな教育内容を指導した際に、学習者がそれを習得しているか（授業がねらい通りに進んでいるか）を確認するために行われる評価であり、必要に応じた授業計画の修正や改善、学習者への回復指導などに生かされる。
(3) 総括的評価：単元終了時や学期末、学年末に実施され、そこでの教育目標がどの程度達成されたかを見るために行われる評価であり、一連の実践全体の反省（授業者にとって）や学習のめあての達成度の確認（学習者にとって）、その後の指導や学習の改善などに生かされる。

の涵養）」の三つの柱で整理することが提案されました（28-31頁）。そして、下の資料に示した三つの視点に立った授業改善を行うことで学校教育における質の高い学びを実現し、学習内容を深く理解し、資質・能力を身に付け、生涯にわたって能動的（アクティブ）に学び続けるようにすること（「主体的・対話的で深い学び」の実現）の重要性が示されました。

資料　「主体的・対話的で深い学び」の実現に向けた授業改善のための視点

①学ぶことに興味や関心を持ち、自己のキャリア形成の方向性と関連付けながら、見通しを持って粘り強く取り組み、自己の学習活動を振り返って次につなげる「主体的な学び」が実現できているか。
②子供同士の協働、教職員や地域の人との対話、先哲の考え方を手掛かりに考えること等を通じ、自己の考えを広げ深める「対話的な学び」が実現できているか。
③習得・活用・探究という学びの過程の中で、各教科等の特質に応じた「見方・考え方」を働かせながら、知識を相互に関連付けてより深く理解したり、情報を精査して考えを形成したり、問題を見いだして解決策を考えたり、思いや考えを基に創造したりすることに向かう「深い学び」が実現できているか。

出典：中央教育審議会「幼稚園、小学校、中学校、高等学校及び特別支援学校の学習指導要領等の改善及び必要な方策等について（答申）」（2016年12月21日）、49-50頁

　こうした方針は、全国の学校がふまえるべきものと位置づけられます。ただし、それを実践に移す具体的な方策については、全国一律に決定されているわけではありません。学習指導要領等の方針や学習者および地域の実態や特性を教師が自分なりに読み解き、自身の信念などとも照らし合わせながら授業にどのように生かすことが望ましいのかを検討し、授業を計画して実践することが求められるのです。

　また、1989年版学習指導要領において各教科等の指導で教育機器（Information and Communication Technology：以下ICT）を活用することとされて以降、今日に至るまで、情報通信技術の活用も重要な柱に位置づけられています。特に近年では、パーソナルコンピュータ、タブレット端末、電子黒板、DVDプレーヤー、実物投影機など、多様なICTが活用されています。これらは、授業を実践するうえで使用される道具、すなわち、「教具」です。どのような教具を活用するのかということも含めて「学習環境」（使用する教室、側面掲示、机の並べ方、学校建築のあり方など）を整えることは、授業の効果を高めるうえで重要です。その際、「何が何でも電子黒板を使う」「調べ学習は必ずパソコンルームで行う」といったかたちで特定の教具の活用や学習環境の利用そのものが授業づくりの際の目的とならないようにすることが重要です。あくまでも、教育目標を達成するために必要かどうかという点を意識しながら、授業者である教師が自身の考えや判断に基づいて適切

な教材や学習環境を選択したり工夫したりすることが求められるのです。

6. 子どもの事実と向き合う授業づくり

　本章を締めくくるにあたってもう一つ、考えておきたいことがあります。それは、目の前の子どもの事実と丁寧に向き合うということです。「○○さんは〜〜という子」「中学2年生ならきっとこうするはず」「以前の授業ではうまくいったから今回も大丈夫に違いない」というかたちで固定化された視点や思いにあてはめて子どもを捉えるのではなく、授業中に子どもが見せる表情やつぶやき、ワークシートなどに書かれた意見、休み時間や昼食の際の雑談など、ともすれば見逃してしまいがちな事実から見えてくる子どもの実態と丁寧に向き合い、実践に生かしていくことが肝要です。

　たとえば、教師の視点や考えに沿って選択した教材を、目の前の子どもの既習事項や経験、生活実態などと照らし合わせたとき、子どもたちにとってのその教材の切実さやおもしろさ、こだわるであろうポイントが見えてくることがあります。また、授業の評価や改善に関しても、子どもたちがそのプロセスに関わるのかどうかによって、その見え方や改善の方向性は異なってくるでしょう。授業を含む教育課程を「意図したカリキュラム」「実施したカリキュラム」「達成したカリキュラム」の三つの次元で捉えることの重要性に関する指摘（コラム「カリキュラム・マネジメント」も参照）をふまえるならば、子どもたちの実態や変容の様相をふまえた評価を行うことや、子どもたちとともに授業改善、学習改善を進めるという取り組みの方向性も重要であると言えます。

　さらに、授業を進める中で、教師自身が想定していなかった重要な意見や興味深い視点が子どもたちから出てくることもあります。そうしたときに、教師の視点や思いをもとに練り上げられた授業を計画通りに進めることを重視して授業を進めるか、想定外の意見や視点を取り上げることによって計画をその場で修正しながら授業を展開するのかという点は、教師が、専門家としてその場その場で求められる判断のポイントの一つです。

　先述のように、授業は無限の多様性と可能性を有するものです。そしてその多様性と可能性を生かすためには、自身の持つ「授業」のイメージを豊かにしたり、自他の授業の成果や改善点を把握してより良い授業の創造に取り組み続けたりすることによって、授業に対する自身の「信念」を形成し、さまざまな人や物との出会いや経験を繰り返す中で、それを常に問い直し、更新し続けていくことが求められます。

　本章の図3に示した授業の構成要素や本文で述べてきたそれぞれの要点は、そのための視点となり得るものです。ただし、実際の授業づくりに際しては、この図では十分に説明

しきれない他の要素を検討することが必要な場合も出てくることと思います。実際に授業をつくったり授業研究を行ったり実践記録を読んだりすることを繰り返す中で、図3を批判的に検討しながら、自分なりの授業づくりの要点を明確にしていってください。

引用・参考文献

田中耕治「授業を構成する要素」田中耕治編『よくわかる授業論』ミネルヴァ書房、2007年、16-17頁

田中耕治『教育評価』岩波書店、2008年

山崎雄介「教育方法」南新秀一他編『新・教育学［第2版］─現代教育の理論的基礎』ミネルヴァ書房、2009年、68-88頁

中央教育審議会「幼稚園、小学校、中学校、高等学校及び特別支援学校の学習指導要領等の改善及び必要な方策等について（答申）」（2016年12月21日）（http://www.mext.go.jp/b_menu/shingi/chukyo/chukyo0/toushin/__icsFiles/afieldfile/2017/01/10/1380902_0.pdf：2019年2月20日確認）

学びを深めるための図書案内

田中耕治編著『時代を拓いた教師たち─戦後教育実践からのメッセージ』日本標準、2005年

田中耕治『教育評価』岩波書店、2008年

田中耕治編著『時代を拓いた教師たちⅡ─実践から教育を問い直す』日本標準、2009年

佐藤学『教師花伝書─専門家として成長するために』小学館、2009年

学習課題

● 自身が興味を持った国内外の授業実践の事例を探し、本章の内容もふまえながら、その事例の特徴や工夫、改善点などを検討しましょう。

● 自身のめざす授業を具体化した学習指導案を作成してみましょう。そして、本章の内容もふまえながらその学習指導案の特徴や工夫を他者に説明し、議論を行うことを通して、お互いの学習指導案をより良いものにしていきましょう。

（木村　裕）

コラム

パフォーマンス評価とルーブリック

　パフォーマンス評価とは、「知識やスキルを使いこなす（活用・応用・総合する）ことを求める問題や課題などへの取り組みを通して評価する評価方法の総称」（西岡加名恵「序章　教育評価とは何か」西岡加名恵他編『新しい教育評価入門―人を育てる評価のために』有斐閣、2015年、10頁）です。これは、「活用」型や「探究」型の学習活動の必要性や「資質・能力」の育成の重要性が強調される近年の教育改革（第5章参照）を背景として日本でも注目されるようになり、その実践が広がってきました。2017・2018年告示の学習指導要領に先立つ中央教育審議会答申においても、「資質・能力のバランスのとれた学習評価を行っていくためには、［中略］パフォーマンス評価などを取り入れ、ペーパーテストの結果にとどまらない、多面的・多角的な評価を行っていくことが必要」（中央教育審議会「幼稚園、小学校、中学校、高等学校及び特別支援学校の学習指導要領等の改善及び必要な方策等について（答申）」〈2016年12月21日〉、63頁）と述べられ、その重要性が示されています。

　パフォーマンス評価には、短答式の記述問題を用いるもの、特定の運動スキルの利用や実験器具の操作などの実技テストを課すもの、発問への応答を求めるもの、小論文や実験レポート、口頭発表やグループでの議論、スポーツの試合などの「パフォーマンス課題」を課すものなどがあります。パフォーマンス課題とは、「さまざまな知識やスキルを総合して使いこなすことを求めるような複雑な課題」（渡辺貴裕「第4章　学力評価の方法　第2節　学力を把握するための方法」同上書、133頁）を指します。上述した教育改革の流れの中で、特にこのパフォーマンス課題を用いたパフォーマンス評価を行うことの重要性は、今後ますます高まると考えられます。

　ところで、パフォーマンス課題への取り組みの成果は、その成功の度合いに幅（質の差）があるため、「〇／×」「できる／できない」といった二分法では評価することが困難です。そのため、「成功の度合いを示す数レベル程度の**尺度**と、それぞれのレベルに対応するパフォーマンスの特徴を記した**記述語**（descriptors）から成る評価基準表」（西岡加名恵『教科と総合学習のカリキュラム設計―パフォーマンス評価をどう活かすか』図書文化、2016年、100頁）である「ルーブリック」を用いることが必要となります。ルーブリックを用いることで、質の差が生まれる学力についても、客観的な尺度と照らし合わせて評価することが可能となるためです。

　なお、ルーブリックを活用する際には、ルーブリックの観点や記述語の内容に対する具体的なイメージを、評価者の間で、また、評価者と学習者の間で共有することが肝要です。さらに、たとえばパフォーマンス課題を単元末や学期末の評価課題として設定し、それに学習者が独力で取り組むために必要な力を明確にしたうえで、そうした力を身につけさせるための手立てを単元や授業の中に位置づけるなど、ルーブリックをもとに具体的な授業の手立てを検討することも、学力保障の達成にとって重要となります。

　また、パフォーマンス評価が万能というわけではありません。あくまでも到達度を把握したい教育目標との関係において適切な評価方法を選択したり組み合わせたりすることが重要です。したがって、パフォーマンス評価も選択肢の一つと位置づけたうえで、より効果的に活用することが肝要です。

（木村　裕）

第3章
市民性を育てる道徳教育

Keywords: 道徳性、教育における価値（観）、修身、道徳の教科化、学級づくり、主権者教育、市民性

第3章で学ぶこと

　2015年に学習指導要領が一部改訂され、従来の「道徳の時間」は「特別の教科　道徳」に改められました。つまり、「道徳科」として「道徳」が教科化されたのです。小学校では2018年度から、中学校では2019年度から実施されることになりました。

　なぜ「道徳」が教科化されたのでしょうか。わたしたちは、「道徳」をどのように教えることができるのでしょうか。この問題を考えるために、本章では、道徳教育の歴史的展開をふまえつつ、今日における道徳性の育成に関する教育実践的課題を検討していきたいと思います。

1. 道徳教育の歴史的展開

(1) 戦前の道徳教育

　戦前の小学校において、道徳教育は特別な地位を占めていました。すなわち、道徳教育のための教科であった「修身」は、1880年の「改正教育令」以来、教科目の筆頭に置かれ最も重要な教科とされてきたのです。筆頭教科としての修身の位置づけは、アジア・太平洋戦争敗戦まで揺らぐことはありませんでした。

　明治政府は、近代国家建設のため、学校に道徳教育を導入しました。旧来の幕藩体制を解体し、新たに国民統合をはかる手段として道徳教育が重要視されたのです。明治政府は、富国強兵を目指し、欧米諸国に倣って文明開化を推し進めました。日本の近代教育制度の嚆矢となった1872年の「学制」は、従前の儒教思想に基づく教育観・学問観とは異なり、立身出世主義・功利主義・実学主義的教育観・学問観に立つものでした。

　「学制」は、小学校の一教科として「修身」を設けました。「学制」下の小学校は、下等4年・上等4年の8年制で、下等小学の1、2年生だけに「修身口授(ぎょうぎのさとし)」が教授されました。教科書は、欧米の倫理書の翻訳書が大半で、教師の講話による知識教授でした。しかし、1879年に「教学聖旨」が天皇の名で発布されると、再び儒教主義的道徳が中心に据えられるようになります。

　「教学聖旨」は、「仁義忠孝」の道徳教育こそが教学の基本であることを強調し、徳育を知育に優先させるものでした。「仁義忠孝」とは、伝統的な儒教倫理を天皇と国家への忠誠を中核として再編したものです（藤田1985、19頁）。これを「幼少ノ始ニ其脳髄ニ感覚セシメテ培養スル」ことが肝要とされました。

　1890年には「教育ニ関スル勅語」（教育勅語）が発布され、徳育の基礎が固められました。教育勅語は、天皇への「忠孝」が教育の根源であるとし、「臣民」が身につけるべき徳目[1]を列挙しています。それらは、儒教主義的家族道徳と近代主義的社会道徳から構成されていますが、いずれも「以テ天壌無窮ノ皇運ヲ扶翼スヘシ」に集約する構造になっていました。つまり、すべての徳目の帰結は皇室の繁栄にあったのです。「一旦緩急アレハ義勇公ニ奉シ」とあるように、非常時には命をなげうって天皇とその国のために尽くす忠君愛国の精神を涵養することが、教育の目的とされました。

　教育勅語は、戦前教育の根本原理であったばかりでなく、国民道徳の絶対的規範とされ

---

(1)「徳目」とは、道徳的諸価値をあらわす概念のこと。

ました。その意味するところは、道徳の国定化にほかなりませんでした（藤田1985、21頁）。さらに翌年、「小学校教則大綱」が「修身ハ教育ニ関スル勅語ノ旨趣ニ基キ児童ノ良心ヲ啓培シテ其徳性ヲ涵養シ人道実践ノ方法ヲ授クルヲ以テ要旨トス」（第二条）と定めて以降、修身科は、教育勅語の趣旨を子どもたちに徹底するための教科として機能したのです。

(2) 戦後の道徳教育

アジア・太平洋戦争敗戦後、ポツダム宣言に則り、日本の民主化と非軍事化が図られました。1945年12月、連合国軍最高司令官総司令部（GHQ/SCAP）は、教育に関する「四大指令」[2]を出し、「修身、日本歴史及ビ地理停止ニ関スル件」において修身ならびに日本歴史と地理の授業の停止を命じました。その後、日本歴史と地理は再開をみますが、修身の再開が許可されることはありませんでした。

文部省は、修身科にかわって新たに「公民科」を創設しようと企図していました。しかしながら、公民科は実現に至らず、修身・公民・地理・歴史を融合した教科である「社会科」へと発展します。1947年の「学習指導要領一般編（試案）」は、社会科の目的は「社会生活についての良識と性格とを養うこと」にあるとし、修身・公民・地理・歴史を一体的に学ぶことを目指しました。

さらに、1950年の「第二次米国教育使節団報告書」において「道徳教育は、ただ社会科だけからくるものだと考えるのは無意味である。道徳教育は、全教育課程を通じて、力説されなければならない」と指摘されて以降、道徳教育は学校教育全体で行うとする全面主義の立場が採用されるようになりました。翌年1月の教育課程審議会「道徳教育振興に関する答申」でも、「道徳教育は、学校教育全体の責任である」こと、「道徳教育を主体とする教科あるいは科目を設けることは望ましくない」ことが提言されています。これらをふまえ、同年2月の文部省「道徳教育振興方策」ならびに4月の「道徳教育のための手引書要綱」も、全面主義の道徳教育を方針としていました。

しかし、1950年代後半になると、道徳教育の全面主義を見直し、「道徳の時間」を特設しようとする動きが出てきます（道徳教育の特設主義）。1958年3月の文部省通達「小学校・中学校における道徳の実施要領について」によって、同年4月から小・中学校において「道徳の時間」が特設されることになりました。加えて、同年8月28日、文部省は、「学校教

---

(2) 教育の「四大指令」とは、1945年の10月から12月にわたって出された「日本教育制度ニ対スル管理政策」、「教員及教育関係官ノ調査、除外、認可ニ関スル件」、「国家神道、神社神道ニ対スル政府ノ保証、支援、保全、監督並ニ弘布ノ廃止ニ関スル件」、「修身、日本歴史及ビ地理停止ニ関スル件」のことを指します。

育法施行規則」を一部改正し、小・中学校の教育課程の領域の一つに「道徳」を位置づけるとともに、「小学校学習指導要領道徳編」および「中学校学習指導要領道徳編」を告示しました。ところが、学習指導要領の総則には「学校における道徳教育は、本来、学校の教育活動全体を通じて行うことを基本とする。したがって、道徳の時間はもちろん、各教科、特別教育活動および学校行事等学校教育のあらゆる機会に、道徳性を高める指導が行われなければならない」と書かれています。

このように、「道徳の時間」を特設する一方で、全面主義の立場も保持するという「全面・特設主義」の方針がとられることになりました。これ以後、日本の道徳教育は、特設主義と全面主義が併存して展開されることとなったのです。

(3) 「道徳」の教科化

2000年代から、道徳を教科化しようとする動きが浮上し始めます。2000年3月、内閣総理大臣の私的諮問機関として教育改革国民会議が発足します。教育改革国民会議は、同年12月に「教育を変える17の提案」を発表しました。その提案の一つに「学校は道徳を教えることをためらわない」として、小学校に「道徳」、中学校に「人間科」、高校に「人生科」などの教科を設置することが提言されたのです。2006年9月に発足した第一次安倍内閣が設置した教育再生会議は、第二次報告に「徳育」を新たな教科と位置づけ、「道徳の時間」よりも内容・教材ともに充実させることを盛り込みました。

さらに、第一次安倍内閣は、同年12月に教育基本法を全面改訂します（以下、新教育基本法）。新教育基本法は、「必要な資質を備えた」国民の育成を教育の目的と定め、その具体的内容として、教育の目標（第2条）に「道徳心」や「公共の精神」「我が国と郷土を愛する」態度の育成をはじめ20にわたる徳目を法定化しました。このことは、国家によって「あるべき国民像」が定められたことを意味します。つまり、現代における道徳の国定化にほかなりません。

2008年1月、中央教育審議会答申「幼稚園、小学校、中学校、高等学校及び特別支援学校の学習指導要領等の改善について」において、「道徳の時間」を「特別な教科」として位置づけることが提案されましたが、慎重意見もあり、一旦保留されます。しかし、第二次安倍内閣の下で、道徳の教科化は急速に進展します。2013年2月、首相の私的諮問機関である教育再生実行会議が「いじめの問題等への対応について（第一次提言）」を発表し、

---

(3) 第2条に掲げられた教育の目標は、従来小中学校の学習指導要領「道徳の時間」の目標として掲げられていたものです。

道徳の教科化を提言します。これを受けて、同年3月、文部科学省は「道徳教育の充実に関する懇談会」を設置し、同年12月には「今後の道徳教育の改善・充実方策について（報告）」をまとめました。さらに、2014年10月には、中央教育審議会答申「道徳に係る教育課程の改善等について」が、「道徳の時間」を「特別な教科 道徳」に格上げするよう提言します。こうして、2015年3月、学習指導要領が一部改訂され、道徳の「特別な教科」化が実施されることになりました。

「特別の教科」とは、どのような意味でしょうか。教科の一般的条件として、①教科書があること、②教科の教員免許状があること、③子どもの学習達成について評価があることが挙げられます（佐貫2017）。ところが、「特別の教科 道徳」には、②は存在せず、③も他教科のような評定は行われません。さらに、教科の裏付けとなる科学的な体系も存在していません。つまり、教科としての条件を備えていないと言わざるをえないのです。それゆえ、道徳科は、一般の教科とは異なる「特別の教科」として位置づけられることになったと考えられます。しかし他方で、戦前における修身科が筆頭教科として特別な位置づけにあったことを想起すると、道徳科が再び「特別の教科」として位置づけ直されたことの意味を慎重にとらえなくてはなりません。

少なくとも、国家によって一定の価値観が公定化され、国民が身につけるべき徳目として学校教育を通じて子どもたちを教化しかねない事態に対し、子どもたちの内心の自由や個人の尊厳を保障する道徳性の教育を展望していくことが求められています。　　　（杉浦）

2. 子どもの生活現実と道徳教育

(1) 道徳性の育成と子ども理解

道徳の授業について学生の体験の多くは、自分の内面の真実とは響き合わなかったように振り返られています（コラム参照）。教師の側は「教えたつもり」であり、生徒の側は「聞いたふり」というのがこうした場合の残念な実態ではないかと思います。授業は子どもと一緒に創っていくものだという基本に立てば、道徳の授業においても、教師が子どもの現実をどのように理解しているかが授業・教材構想とその展開の基礎に据えられなければなりません。貧困と格差が広がる現実の中で、生活体験にも階層格差などが刻み込まれています。教師は自らの育ちの中で身につけた自己の価値判断を当たり前のものとして、固定的に考えて対応していては子どもに響く指導は成り立ちません。子どもとの出会いの中で、自らの価値基準やセンスをも問い直すことが求められることがあるのです。「社会的常識だから」といって迫ってみても、子どもに通じない事態はいくらでも起こります。そ

の深い溝を越えるためには、目の前の子どもがどのような暮らしの中で、どのように生きてきたのか、その中で育んだ価値観や論理はどのようなものか、その子がなぜその言動をとるのか、その子の生活史を考えてその子を理解することが必要です。先に述べたように、それは同時に自らの価値基準を振り返ることにつながります。私たちは困難を抱えた子どもの生きる世界と生活現実をどれほどつかんでいるでしょうか。

　北海道の養護教諭山形志保は、保健室で出会った高校生たちの姿をリアルなエピソードで描きながら、「ハルナの『嘘』、アサミの『パニック障害』、トシキの『ひきこもりと過依存』、カズオ・マミの『近親相姦』、カホの『家庭内暴力』、彼らが生きる『安心でも安全でもない世界』を生き抜くための手段は、テリトリーの外では『反・非社会的行動』と言われてしまうものだ。私たちが『安全で安心』と思っている社会は、彼らにレッテル貼りをして疎外する社会でもあり、そこでの『支援』はしばしば『指導』や『支配』になりがちだ」と書いています（山形2013）。

　幾重にも重なる困難を抱えた生活の中で、ともかくも生き抜こうともがきながらとった彼らの言動が、「反・非社会的行動」と言われるものであったとき、教師はそれにどう立ち向かい、彼らのまっとうな生活を創り出す実践をどうすすめられるでしょうか。それは、彼らの心底の苦悩を聴き取り、その深い悩みや葛藤に届く言葉を持って応答するところから始まると思います。一般的な道徳や社会規範に照らして、すぐには許容されないものであっても、先ずは、それが「その子にとっての生き抜くための手段」なのだという受け止めが必要になるわけです。とはいえ、「ダメなものはダメだと言いきりましょう」などという圧力が職員室を支配しているなかでは、受け止めることだけでも勇気を必要とするのが現実でしょう。

　徳目の伝達ではなくて、直面しているその子の問題に突き刺さるような道徳教育を考える努力は、子どもの内面の真実と響き合うことを求め、それは子ども理解の深化を追求することになるでしょう。そして、子ども自身が自分の中の問題に気づき、自己課題と向き合うことを励ますような実践に展開していければよいと思います。それには、子ども自身が不安や悩みを表現出来るよう解放されていることが必要です。しかし、子どもの現実は、悩みや迷いや葛藤がありながら、それを封じ込めるような対処を重ねるような実態もあります。そこには自分の悩みや迷いそれ自体を否定的なものと見ざるを得ない状況があるように思います。生きている限りなくなることのない複雑な感情を受け止め、それが生まれてくる根拠まで見つめる目を育てたいと思うのです。

(2) 生活の中の葛藤から道徳性を考える

　そもそも、道徳性や社会的規範は、社会的存在としての人間が生存し安心して生活するためのコミュニティ形成に伴って生まれ承認されてきたものでしょう。歴史的に見れば、人間の社会は、一度出来上がって一般に承認された規範に反する存在を排除しながら秩序を維持してきた側面があります。しかし、今日の市民社会の水準は、そうした排除や差別を許容せず、包摂に向かおうとするものだと思います。このように言っても、それは一直線に進んできたものではありません。社会生活上に生起する様々な問題を解決する努力のなかで、何を大事にその問題を考えるのか、判断の基礎にどのような基本的な観点を据えるのかの模索の積み重ねがあっただろうと思います。その観点には時代を超えて変わらないものもあるでしょうが、日本の戦前戦後では激変といってよい変化がありました。

　これまで述べたように、戦前・戦中には、戦争遂行が何よりも優先され、天皇主権のもとで人々は「臣民」とされ、個人の人権は抑圧されたのでした。個人の尊厳や基本的人権の尊重といった今日では普遍的に認められる考えも、それを主張すれば危険視され治安維持法などを根拠に弾圧されました。アジア2000万人、日本300万人以上の戦没者という多大の犠牲を出して、1945年8月に戦争が終結しました。深刻な戦争反省を踏まえて、成立したのが日本国憲法でした。そこでは、まず、人権主体としての個人の尊厳があり、すべての個人が幸福追求権の権利主体になったのです。このような、人間の尊厳、基本的人権も、1945年以前には危険な考えだとされていたことを忘れてはなりません。「平和憲法」とも言われる日本国憲法はこの劇的な転回を確定しました。その第13条は、個人の尊厳、幸福追求権を規定し、人権保障の基本原則を以下のように定めています。

　「すべて国民は、個人として尊重される。生命、自由及び幸福追求に対する国民の権利については、公共の福祉に反しない限り、立法その他の国政の上で、最大の尊重を必要とする」。

　このような中でスタートした戦後教育においては、一人ひとりの人間が、どの一人もかけがえのない存在であることをベースに、個人の尊厳を基礎に置いて、みんなで人間らしく生きることを求める実践が追求されました。そうした戦後教育の金字塔と呼ばれたのが、無着成恭の生活綴方実践で、『山びこ学校』(1951年刊)にまとめられています。　（福井）

3. 人間的価値と市民性を考える道徳教育実践の探究

(1) 「山びこ学校」——生活と学習の結合の中で考える道徳性

　「山びこ学校」の実践は、無着成恭と43人の子どもたちの3年間の生活と学びを子ども

の作品で描いたものです。無着と子どもたちは、生活のありのままを刻んだ子どもの作文や詩を教材として読み合い、考え合い、直面する困難の解決のための行動を模索していきます。生活の現実ときり結ぶ子どもたちと無着の姿は、学級の子どもたち相互に大きな励ましになり、生き方を考える原点になったのだと思います。それは、卒業にあったって学級代表・佐藤藤三郎が述べた答辞でも、何を大事にしてどのように学んだかが率直でリアルに語られています。

　ここでは、教師である無着が実践の中でどのような価値を追求しようとしたかについて「〈山びこ学校〉の合い言葉」から見てみたいと思います。この「合い言葉」は無着が発行した学級通信「きかんしゃ」で子どもたちに呼びかけたものです。

　　無着成恭「山びこ学校」の合い言葉
おれたちはきかんしゃだ
きかんしゃの子どもは
いつも力を合わせていこう
かげでこそこそしないでいこう
いいことは進んで実行しよう
働くことがいちばんすきになろう
なんでもなぜ？と考える人になろう
いつでももっといい方法がないか探そう

　（この言葉は、「〈きかんしゃ〉から起つ鳥」と命名された山びこ学校の記念碑に刻まれ、旧山元中学校跡に今も残されています）

　「いつも力を合わせ」「かげでこそこそしないで」「いいことは進んで実行し」「働くことがいちばんすきになろう」という行動目標と、「なんでもなぜ？と考え」「いつでももっといい方法がないか探そう」という探究的な姿勢を掲げて生活と学習を結びつけていく姿は、まさに戦後教育の象徴のように理解されて大きな反響を巻き起こしました。

　当時、無着と子どもたちが直面した現実の課題は、なお残る戦争被害や絶対的な貧困でした。そうした課題に向き合って、それらと格闘することを通して生み出された実践の中で、教師と子どもが共に生き方を考える言葉が共有され、それが生活の中で学級の子どもたちに熟しとられていったのです。「道徳の時間」が週一単位時間として特設されたのは1958年ですが、「山びこ学校」の実践は、「特設」以前の道徳性の教育を考えるうえでも大事な問題を提起していると言えるでしょう。このように見ると、戦後すぐの道徳性の教

育は、市民性を育てる社会科や生活綴方実践、生活指導の取り組みとも重なり浸透し合っていたと考えられます。

(2) 現代社会の問題を通して道徳性の教育を考える――現代日本社会の中の子どもを見る

　それでは、現代社会において子どもと教師が直面し共に考えるべき問題とはどのようなものでしょうか。「幸せになりたい！　自分も他人も」というのは、現代に生きる子どもにとっても切実な願いです。このような幸福追求権に立って子どもと学校が立ち向かう課題を考えたいと思います。子どもの生活における学校の比重がとても大きなものになっている状況において、その学校が、子どもが楽しいと思い、よろこんで学び、いのちが輝くような場所になっているのか、という問題が問われています。残念ながら、学校に行きたくないと感じる子どもたちはたくさん居ますし、毎年2学期を迎える時期には子どもの自殺のニュースが相次ぐという深刻な事態です。いじめ対策や自殺防止を2学期を迎える実践上の課題としている学校が増えてもいます。筆者はこの深刻さの本質を、「子どもの安全と生存が脅かされている」問題、つまり、子どもの基本的人権の基底的な問題だと考えています。しかも、外側から攻撃されているにとどまらず、その危機が内面化しているのではないかと思うのです。それは、自殺した子どもの遺書をいくつも読むうちに思い至ったことです。「しあわせに生きたい」と切実に願いながら、それが叶わぬ絶望の中で自己を否定する感情が強まる苦しさが吐露されるのです。例えば、2016年の2学期の始業式の翌日に自殺した青森の中学二年生の女子は、「遺書」で以下のように書いていました。

> 「突然でごめんなさい。ストレスでもう生きていけそうにないです。●が弱いのは自分自身でも分かってるし、●が悪い所もあったのは知ってるけど、流石にもう耐えられません。（中略）みんなに迷惑かけるし、悲しむ人も居ないかもしれないくらい生きる価値本当にないし、綺麗な死に方すらできないけど、楽しいときもありました。本当に13年間ありがとうございました。いつか、来世ででも●が幸せな生活をおくれる人になれるまで、さようなら。また、会おうね」（●は本人の名前）

　「悲しむ人も居ないかもしれないくらい生きる価値本当にない」と自己を否定し、「幸せな生活をおくれる人になれる」希望は、「来世で」と描くしかないなかで死を選んだ13歳なのです。
　このような自己の存在さえも肯定出来ない子どもたちが増えているのが、日本社会の危機を示す一つの指標になっていることは間違いないと思います。多くの子どもが「どうせ

自分なんか！」という台詞を口にします。こうした現実に向き合い、自分を変え自己を育てていく希望を子どもの中に育まなければならないと考えてきました。

　この自己否定感は多くの場合、孤立と共にあり、それが加重されると絶望の深みの淵に立つことになります。ある女子大で教えていたとき、一人の学生が、中学高校時代のいじめられ体験と孤立することのつらさを語ってくれました。「昼食の時間、教室で一人でいるのは地獄です。そして、孤立していることが知られるのは絶望です。なので、他のクラスの友人と食べているようなふりをして出て行き、お弁当は障害者用のトイレで食べた」というのです。

　このような子どもの現実を見るとき、今日において育てるべき道徳性の基本をどこに置くか、いのち・平和・人権などの人間的価値を考え、ともに生きる喜びをどうつくるかという社会連帯性の問題を深くとらえたいものだと思います。

(3) 時代の変化の中で道徳性の教育を考える——中学二年生の文章二つ

　生徒指導論の授業の中で、中学生が書いた二つの文章を取り上げて考えることにしています。一つは、1949年の中学二年生の作文。先にも触れた『山びこ学校』にある江口江一の「母の死とその後」です。一家の苦しい生活を背負って生きる苦闘の姿が描かれています。家計のやりくり考え、生活費と借金の計算もきわめてリアルなものです。しかし、彼を支え、ともに学ぶ級友も先生もいて、生きる希望をつぐむ前向きな様子がしっかり読み取れます。もう一つは、1994年の中学生の文章。愛知県西尾市でいじめの中で自殺した大河内清輝君の「遺書」です。死を覚悟してからも、いじめを受ける苦しみを何日も書き継いだことが分かる痛ましい文章です。ここには彼を助ける友だちも教師も登場しません。遊ぶ相手は自分をいじめる彼らだけなのです。この遺書に出てくるお金は、すべて〇万円という単位で、彼らに脅し取られ遊興費に消えていったお金です。

　この二つの中学二年生の文章の間には、45年の歳月が流れ、言うまでもなく時代と社会の変化は大きなものがあります。この二つを対比的に取り上げるのは、子ども、生活、学級、級友、学校、教師、がそれぞれの時代の中に生きている存在であることを理解し、時代と社会の変化の中で何を学びどう生きるかを考えてほしいという願いからです。

　道徳教育を巡る国の方針や政策については、先に見たように、その時代と社会の中で大きな変化があります。また、「道徳教育の重要性」を強調する動きにも様々な背景があります。歴史的社会的な視点を持ってその動きを吟味することは欠かせません。それは「民主的な国家・社会の形成者」として、主権者、自立した市民に求められる道徳性を市民性の教育とつないで考える上で必須条件だと思うのです。

それを踏まえた上で、子どもたちが、道徳性について考えるとき、どれほどのリアリティで考え深めるかが問われなければならないと思います。ですから、「特別の教科道徳」の時間の指導においても、例えば説話教材を取り上げる際にも、その教材と向き合う子どもの発達上の課題、内面の真実につながる教材研究や授業方法が考えられなければならないと思うのです。

(福井)

引用・参考文献

相澤伸幸・神代健彦編『道徳教育のキソ・キホン　道徳科の授業をはじめる人へ』ナカニシヤ出版、2018年
小川太郎編著『国民のための道徳教育』法律文化社、1958年
無着成恭編『山びこ学校』岩波文庫、1995年
佐貫浩『道徳性の教育をどう進めるか　道徳の「教科化」批判』新日本出版社、2015年
佐貫浩「特別の教科『道徳』の性格　私たちの対抗戦略を考える」教育科学研究会編『教育』かもがわ出版、No.861、2017年10月、5-12頁
田中智志・橋本美保監修／松下良平編著『新・教職課程シリーズ　道徳教育論』一芸社、2014年
藤田昌士『道徳教育　その歴史・現状・課題』エイデル研究所、1985年
文部省編『学制百年史』1972年
山形志保「貧困と孤立のなかで生きる子どもたちの育ちと暮らし――高校保健室で出会い寄り添う」教育科学研究会編『子どもの生活世界と子ども理解』かもがわ出版、2013年、35頁

学びを深めるための図書案内

松下良平『道徳教育はホントに道徳的か？「生きづらさ」の背景を探る』日本図書センター、2011年
渡辺雅之『「道徳教育」のベクトルを変える：その理論と指導法』高文研、2018年

学習課題
● 日本国憲法第19条が保障する内心の自由と新教育基本法第2条の教育目標との関係について考察しましょう。
●「民主的な国家・社会の形成者」に求められる今日の道徳性とはどのようなものかを考察しましょう。

(杉浦由香里・福井雅英)

コラム

学生の体験から考える道徳の授業──学ぶ意味の感じられる授業をどうつくるか

　私が担当している道徳教育論では、初回の授業で自分の受けた道徳の授業について思い出すことを書いてもらっています。そこで示された印象的な授業体験を紹介しながら、道徳の授業のあり方について考えてみましょう。

　毎年、比較的多いのが「道徳の授業ってあまり意味ないでしょ。きれい事の世界で自分とは関係なかった」という内容です。説話資料を読んで徳目をなぞるような授業だったのでしょうか、多忙な教員が無難に授業を済ませる一般的な状況を反映しているように思います。子どもの現実には切り込まず、説話の世界で完結しているような展開が多くなり、子どもからは「自分とは関係ない」と突き放されているように見えます。

　一方で「道徳の授業はわりと好きでした」と書く学生がいました。ところが、その理由には考えさせられました。「だって、答えがわかりやすかったから」だと言うのです。資料を読んで意見を言うにしても、「今、先生が言ってほしいのはこういうことだと、すぐ予想できた」というわけです。道徳の授業でも「正しい答えを出す」のが当たり前になっていて、それに順応してきた体験を披露してくれたのです。自分の直面している問題と響き合わないという点では、先の回答と同じだと言えます。

　この二つのタイプの授業体験からは、教師は設定された授業時間を「こなしている」のであり、子ども側からは「遣り過ごされている」ということで、プログラム消化型の授業になっている状況だと言えるでしょう。いずれにしても、子どもの内面の真実と切り結んで道徳性を育てるような授業にはなっていないという問題が浮かびます。

　道徳の時間は「よく他の教科とかに変わっていたし、あまり覚えていない」という回答も毎回あります。特に小学校時に多いのですが、担任が進度の遅れている他教科の授業の補充時間に振り替えていたのですね。一話完結の説話資料などを使うことの多い道徳の授業では、積み上げや系統などを意識しなくてよいということもありますが、教員が道徳の授業の必要性を感じていない現実を映していると思います。お仕着せの道徳の授業への消極的抵抗意識が伏在している場合があるのかも知れません。

　これらとは別に、少数ではありますが「先生がプリントなどの資料をつくってくれて、人権とか平和とかについて考えた」という体験が書かれたこともあります。教員が大事だと思う道徳的価値について、手作り教材を作成して行った授業が、生徒の印象に残っているのです。教師の授業づくりと子どもにとってのリアリティが響き合った例とも考えられます。

　現場における道徳の授業の現状に触れて感じたのは、批判の多い道徳の教科化が進められた背景には、徳目的な道徳教育をしっかり進めたいと考える側の、このような状況に対する苛立ちのようなものもあるのかも知れない、ということです。それでは「特別な教科 道徳」として教科化され、教科書も出揃ったなかで、どのような授業をつくる努力が求められるのでしょうか。なにより大事なことは、子どもが直面している問題と響き合う授業をつくること。授業に参加した子どもが、「考えたいと思う問題を考えた」という学びのリアリティを感じられる道徳の授業にすることだと思います。それには、「まずは徳目ありき」ではなく、子どもから出発する授業としての構想が必要です。

（福井雅英）

第4章
生きる主体を育む「進路指導」

Keywords: 進路指導、キャリア教育、労働法教育、若者の移行過程、主体形成

第4章で学ぶこと

　みなさんはこれまでどのような進路指導を受けてきましたか。進学先・就職先の相談や三者面談などを思い浮かべる人も多いかもしれません。それは従来の進路指導が、入学試験や就職試験に合格させるための「進学指導」や「出口指導」に傾斜してきたこととも関係しています。

　しかし、生徒たちの「進路」（＝進んでいく路（みち））は、進学や就職をして終わるわけではありません。当然のことながら、その後も何十年とそれぞれの人生が続いていくのです。かれらが「大人」や「自立」へと歩みをすすめ、その後もよりよく生きていくために必要となる力や経験を、学校教育ではどのように育むことができるでしょうか。その営みを、本章では「進路指導」と呼び、現代を生きる子ども・青年に求められる「進路指導」のあり方について考えていきます(1)。

1. 不安定化する学校から社会への移行

　現代における「進路指導」について考えるにあたって、まずは学校を離れた後、多くの青年たちが参入していく社会の状況を見ておきましょう。

　多くの人々は、学校を卒業すると―それが高校であれ、専門学校であれ、大学であれ―、仕事の世界に入っていきます。この「学校から仕事へ」の移行は、新規学卒一括採用と呼ばれる日本独自の慣行によってこれまで比較的スムーズに行われ、多くの若者が卒業後すぐに正社員として就職していきました。そこでは、安定した雇用の下で経済的に自立し、やがて実家を離れ新しい家族を形成していくといった「大人になる」道筋が想定され、実現してきたといえます。

　しかし、1990年代に入ると、学校卒業後、進学でも就職でもなく「フリーター」となる若者たちが多く出始めます。この変化は、当時は若者の意識、つまり若者自身の「選択」によって生じていると捉えられました。「甘えた、ぜいたくな若者」とみなす論調が大勢を占めたのです。「生徒はフリーターはかっこいい生き方だと思っているようだ」というのは、ある高校の進路指導主任の言葉でした（朝日新聞1999年11月6日夕刊）。また、仕事を短期で辞めていく若者にも注目が集まり、中卒の7割、高卒の5割、大卒の3割が就職後3年以内に辞めていく「七・五・三現象」が問題視されました。(2)

　さらに、2000年代半ばには、「ニート」という言葉が登場します。産経新聞の「働かない若者『ニート』、10年で1.6倍／就労意欲なく親に"寄生"」という見出しは、センセーショナルなものでした。瞬く間に高い関心を集めた「ニート」は、「就職意欲がなく働かない」（産経新聞2004年5月17日）、「働く目的ややりたい仕事が見つけられず、就業の活動や準備をしない」（朝日新聞2004年9月27日）などと報じられました。こうして、若者の「勤労意欲の低下」を非難する若者バッシングが席巻することとなったのです。(3)

　では、「フリーター」や「ニート」が増大したのは、本当に若者の「甘え」や「勤労意欲

---

(1) 文科省によれば、進路指導は「生徒が自らの生き方を考え、将来に対する目的意識を持ち、自らの意志と責任で進路を選択決定する能力・態度を身に付けることができるよう、指導・援助すること」とされています（キャリア教育の推進に関する総合的調査研究協力者会議2004）。
(2) なお、経年的には離職率はさほど大きな変動を示しておらず、むしろ2000年代後半以降の高卒者の離職率は以前に見られないほど低くなっています。また、離職率が増加している時期は、企業の倒産件数や負債総額が戦後最悪になったり「リストラ」が流行語となったりした年でもありました（赤堀2016）。
(3) 実際には、統計上の「ニート」には、進学・留学・資格取得などに向けて準備中の者や、療養中の者などが含まれており、このような「ニート」イメージは誤ったものでした。日本の「ニート」概念の欠陥を指摘したものとして本田ほか（2006）があります。

の低下」によるものだったのでしょうか。多くの研究では、家庭の貧困をはじめ社会的に不利な状況に置かれた者たちが、そのまま非正規雇用や無業といった不安定な状態に陥っていることが明らかにされています（乾編著2013）。また、製造業の衰退や流動的な雇用の増加による若者の移行過程の変容は、先進諸国に共通して見られています（Furlong & Cartmel 1997=2009）。「フリーター」や「ニート」の増加は、若者の「未熟で甘えた意識」の結果などではなく、産業・雇用構造の変化によってもたらされたものであることはいまや論を俟ちません。にもかかわらず、日本では甘えや「自己責任」として若者個人にその原因が求められてきたのです。

　また、日本においては、近年、生存をめぐる危機的状況も次々に表面化しています。2000年代後半以降には、「ネットカフェ難民」「派遣切り」「若年ホームレス」「ワーキングプア」など、堰を切ったように若者の貧困の実態が露呈しました。また、「ブラック企業」の蔓延とともに、「過労死」も後を絶ちません[4]。

　このように、今日の子ども・青年たちがわたっていく社会には厳しい状況が広がっており、若者たちの移行は長期化し不安定なものとなりつつあります。「進路指導」を構想する際には、まずこの現状認識から始めなければなりません。その状況把握を取り間違えば、かつての若者バッシングと類似した、目の前の生徒の意欲や耐性を鍛え直すような"進路指導"ですら構想されうるからです。そこで目指される「力」は、不安定な状況を自らの責任として受け入れ、過酷で不当な現実に直面しても我慢し続けるようなものとなるかもしれません。直感的・感情的に判断することなく、学術研究の蓄積からも学びながら、若者たちが今後参入していく社会・仕事の世界の実態を正確に押さえたうえで、どのような「力」を育むことが必要か考えることが、今日の「進路指導」には求められているのです。

2.「キャリア教育」を問う

　では、実際のところ、以上のような状況に、学校教育はどのように対応してきたのでしょうか。ここでは、「進路指導」と類似した概念であり、近年文科省によって強く打ち出された「キャリア教育」に注目してみましょう。

　「キャリア教育」という言葉が初めて登場したのは1999年のことです。2003年の「若者自立・挑戦プラン」ののち、2004年には「キャリア教育の推進に関する総合的調査研究

---

(4) ブラック企業の個別事例やそれを生み出す社会構造を発信している取り組みとして「ブラック企業大賞」があります。「ブラック企業大賞」http://blackcorpaward.blogspot.com/（2018年9月15日確認）

協力者会議報告書」(以下「報告書」)が提出され、文科省の政策に対して理論的なバックボーンを与えることとなりました。以後、職場体験やインターンシップの実施、職業人による講和、職業調べ、「やりたいこと」探し、キャリアプランの作成といった取り組みは、全国の小中高校に瞬く間に広がっていきました。

「キャリア教育」とは、「子ども・若者一人一人のキャリア発達を支援し、それぞれにふさわしいキャリアを形成していくために必要な能力や態度を育てることを目指すもの」とされています (文部科学省2012)。「キャリア教育元年」ともいわれる2004年当時には、「児童生徒一人一人の勤労観、職業観を育てる教育」(「報告書」、7頁) だとされました。

では、なぜこの時期、このような「キャリア教育」が提唱され推進されたのでしょうか。ここには、1節で見た若者の仕事の世界の変容が、実は深く関係しています。先の「報告書」では、「キャリア教育」開始の背景として、求人の減少や非正規雇用の増加といった社会環境の激変と共に「若者の勤労観、職業観の未熟さ、職業人としての基礎的資質・能力の低下」が挙げられています。つまり、キャリア教育は、1990年代以降の若者の移行過程の変容を前に、若者側の勤労観や職業観の「未熟さ」にテコ入れすることによってかれらを労働市場に押し出していこうとするものであったのです。まさに、「若者バッシングの変型」(児美川2015)としての「キャリア教育」であったといえるでしょう。子どもたちの人生 (キャリア) は仕事の側面に限定されるものではないにもかかわらず、「キャリア教育」が仕事の側面に傾斜してきたことも、こうした事情から生じています。

以上からは、時々の問題状況の解決に向けて提起される教育政策には、その状況把握の仕方に偏りや不適切さが含まれる場合があることがわかります。とすれば、何の疑いも持たずに教育政策に追随することは、方向性を見誤った実践を生み出す可能性があるでしょう。教師には、1節で見たような正確な問題状況の把握とともに、教育政策の内容を批判的に検討し実践を構築していく力がどうしても求められるのです。

3. 生きる主体を育む「進路指導」

では、若者の働き生きる世界の厳しさが増すなかにあっても、生徒たちが自らの人生を選択し、それぞれの力を発揮しながらその後も生きてゆく歩みを支えることに資する「進路指導」とは、どのようなものとして構想できるでしょうか。児美川は、「厳しい社会現

---

(5)「キャリア教育」に当初込められた含意の問題性などから、本章では引き続き「進路指導」というワードを用います。その際には、生徒が今後歩む人生 (キャリア) を模索し実現していくことにかかわる教育的援助全般として捉えています。

実に漕ぎ出ていき、現実と格闘できるようになるための"武器"を身につけさせておく必要がある」（児美川2007、81頁）として、若者をエンパワーするような教育が権利として保障されなければならないと述べています。ここでは、具体的な実践事例も参考に、重要となる観点を三つの点から考えてみましょう。

(1) 「働く者」としての権利と主体

先に「キャリア教育」が「キャリア」と言いつつ仕事面に傾斜してきたことを問題視しましたが、それは「進路指導」において仕事の側面が重要でないことを意味するものではありません。むしろ、多くの人たちにとって、人生において働くことは大きな比重を占めるものでもあるでしょう。また、1節でも見たように、「ワーキングプア」「ブラック企業」「過労死」など、今日の労働現場は不安定で過酷なものとなっています。さしあたって今ある労働市場のなかで生きていかざるを得ない生徒たちが、その犠牲になることなく働いてゆくためにはどのような教育が必要か、考えないわけにはいきません[6]。

そのため、近年では、労働者として不当な状況に直面した際に有効となる知識・考え方やノウハウなどを伝えようとする取り組みも増えてきています（川村ほか2014）。例えば、最低賃金や残業代、有給休暇などの「働くルール」を学習することが挙げられます。とりわけ、アルバイトを行っている生徒の多い高校では、生徒がすでに違法な労働に従事させられていることが多々あります[7]。労働者としての権利を学校段階で示しておくことは、生徒たちが今日の労働現場を生き抜いていく上で一定の意義をもつでしょう。

一方で、自身の働き方が違法なものであると知ったところで、自らの働き方は変わらない／変えられないということもあり得ます。大学の授業でも、学生にアルバイトの実態を報告してもらうことがありますが、大半の学生は何らかの違法労働を経験しています。しかし、労働法の学習を経て、アルバイト先を辞める／変える、社員や同僚に聞いてみる／要求するなどの何らかの行動をおこす学生は多くありません。「違反があるからといって辞めていたらきりがない」「職場の人間関係が悪くなるくらいなら、多少のことは我慢する」「言い出すのがこわい」などの意見もあります。こうした状況を踏まえれば、「働く者」としての権利を知ったところで、自らの働き方に活かす手立てが必ずしも講じられるわけではないことがわかります。学校教育でいくら知識を伝達したところで、生徒たちを守る

---

[6] 他方で、そうした働き方に（ときに潜在的に）抗して、新しい働き方・生き方を模索する人々も出現しつつあります（たとえば松永・尾野編著2016）。

[7] 貧困の広がりと、働く高校生の増大は無関係ではありません。働かなければ学べない高校生の実態に近年注目が集まっています（NHKスペシャル取材班2018）。

ものになるとは限らないわけです。⁽⁸⁾

では、どのようなことが必要なのでしょうか。ここで示唆的なのが、ある高校の「現代社会」の実践です（井沼2014）。その高校では約8割の生徒にアルバイト経験がある一方で、かれらはほとんど言われるがまま、時には違法な状況で働いていたそうです。そこで、生徒が自らの働き方を客観化するために、弁護士を巻きこみ、「アルバイト先で雇用契約書（労働条件通知書）をもらってくる」という調べ学習を行いました。当初、すんなり契約書をもらえた生徒はほとんどおらず、「授業の宿題だから」という再三の申し出でやっと作成してくれたところや、なかには「そんなものうちにはない」と言われてしまう生徒もいたといいます。また、その後の学習では、「未払い賃金をもらった」「最低賃金以下の時給を改善できた」といった生徒たちの状況を授業で共有していきました。

この実践において重要なのは、労働法などの知識を得るだけでなく、実際に働いているアルバイト先に契約書をもらうという働きかけ・行動を起こしている点でしょう。調べ学習という生徒が動きやすい設定をつくりながら、生徒たちが職場に働きかける主体になる経験を生み出しているのです。また、最低賃金をめぐって、それを店長に言っても支払ってもらえない生徒や、逆にパートの人たちと協力し手順を踏むことで時給を改善した生徒などの思いや戦略、やり方を全体で検討・共有しています。仲間とともに現状を「変える」方途を考える経験もまた、今後不当な状況に直面した時に一人で抱え込まない土台をつくっていくように思われます。

中嶌（2014）は、高校教師との教育実践を踏まえて、労働法教育には以下の三点の取り組みが必要だと述べています。

①働くルールとしての労働法についての知識

②「おかしい」と思うことについて「変える」という選択肢を日常的に実行する実践の経験

---

(8) ただし、知識が活用されるタイミングは様々であるため、すぐに活用されないからといって無意味だというわけでもありません。長く続けていたアルバイト先の「異常さ」に、労働法を学んで1年ほど経ってから思い至ったという学生もいました。

(9) なお、2年目からは学校長の協力を得て、「現代社会調べ学習ご協力のお願い」という依頼状をアルバイト先に持たせるようになったといいます。それにより、契約書をもらえる生徒が飛躍的に増え、法律違反の働き方も契約書をもらうなかで解決するようになったそうです（井沼2014）。

(10) その点では、「怒り」を表現しあう経験や関係性も重要です。この実践では、もらった契約書が嘘ばかりであった生徒が、授業中「ほんま、腹立つからやめたい」と怒りを顕わにしたこともあったといいます。近年の若者の「過労死」などでは、自らを過度に責めるケースもあり、乾（2017）は「怒り」の矛先を自分ではなく社会に向けることの重要性を述べています。そのためには、実際に怒りを表現しそれに共感してもらう経験をしたり、「あなたが悪いのではない」と言ってくれる関係性があることが重要でしょう。

③②の経験を踏まえた労働における「変える」の方法論

「おかしい」と思えるためには働くルールについての知識が必要です。しかし、「おかしい」と思ったときに「変える」という選択肢をとるためには、そうした経験を、労働の現場でなくてもしておくことが重要となります。そうした経験を土台に、労働の現場で「変える」ための方法論——先に見た事例のような同僚との協力や労働組合など——を知る・体感することで、「変える」主体が立ち上がっていくのです。以上を踏まえると、井沼実践には、現代の困難な労働市場において無防備に不当な状況にさらされ続けるのではなく、自らの働き方をつくっていく主体を育む「進路指導」のヒントがいくつも隠されていることがわかるでしょう。

(2) この社会に生き、この社会を創造する主体

次に、労働という視点に限定せず、もう少し広い視野から考えてみましょう。進路指導やキャリア教育では仕事（またはその前段としての進学先）に焦点化されがちですが、私たちは労働者である前に生活者としてこの社会に生きています。働くだけでなく、遊んだり、趣味に没頭したり、他者と交流したり、ときには子どもを産み育てたりといった事柄が折り重なって生活が営まれているのです。そのため、この社会に生きる生活者という観点から、労働に限定せずに「進路指導」を構想していく視点も必要となります。

先駆的なものとして、ここでは大阪府立西成高校の「反貧困学習」を紹介します（大阪府立西成高等学校2009）。大阪府の西成地区は、貧困や差別など日本の社会問題が集積する地域であり、西成高校の生徒たちも厳しい生活状況に直面しているといいます。こうした状況を受け、西成高校では、1年生の「総合的な学習の時間」の内容を「反貧困」を軸にした人権総合学習へと再構成し展開してきました。この「反貧困学習」では、ネットカフェ難民、ワーキングプア、シングルマザー、ハウジングプア、野宿問題、社会福祉制度などのテーマを、視聴覚教材やアクティビティを多用しながら扱っています。そこで目指されるのは、生徒が自らの生活を「意識化」することです。これはP.フレイレの言葉ですが、ここでは、生徒一人ひとりが自らの生活を社会状況と重ね合わせながら省察し、その状況に批判的に立ち向かい、変革の主体として自らを自覚していくことが目指されています。目の前の生徒の生活実態や地域の状況から、貧困や差別に無抵抗のままさらされ続けるの

---

(11) たとえば、学校内の校則やルールで「おかしい」と思ったときに、生徒間で共感を集め、説得力をもった対案を考えて現状を変えていくといった学校内での自治的活動もその一つです。
(12) ときに抑圧として機能する教育を、自由と解放のための実践へと転換していくことに関心を寄せたブラジルの教育学者です。近年、新訳が出ています（Freire1968=2018）。

ではなく、新たな社会像を描き、それを創造することで自らの生活を変える主体を立ち上げていくことが展望されているのです。重要なのは、この社会で人間らしく生きる権利を私たちが有していること、そしてそうした権利の侵害をはじめ何らかの困難や抑圧があるときには、その状況を変え新しい社会をつくる担い手として私たちはあるのだということへの気づきです。

　2016年に、子どもが保育園の入園対象から漏れて会社を辞めなければならないことを訴えた匿名の母親のブログが話題になりました[13]。「匿名である以上、実際本当に起っているか、確かめようがない」という安倍首相の答弁などに憤った人たちが次々と「#保育園落ちたの私だ」と発信し、やがて28,000通を超える署名が大臣に提出されるに至りました。待機児童の問題は依然として解決していませんが、この社会に生きる人々が自らの生活上の課題をとらえ、この社会の保育・子育てのあり方を変えようと動いた、ひとつの「意識化」の例といえるでしょう。社会状況を知り、自らの生活を問いなおすなかで、社会問題を他人事として切り離すのでもなく、またその過酷さに打ちひしがれるのでもない、新たな社会の担い手・つくり手として自らを位置づけるあり方は、自身の生活を主体的に形成していくことにつながっています。

(3) つながりのなかで生きていく

　ここまで、この社会で働き生きていく主体を育むという観点から「進路指導」を考えてきました。一方で、そのように個々人に、主体としての「力」をつけていこうとするあり方は、この社会を生き抜けるだけの「強い個人」であれというあり方にも親和的です。誰しもが何らかの「弱さ」をもっていることを踏まえれば、「強さ」ばかりを求めるあり方は息苦しさを生むでしょう。そこで、最後に、個々への視点ではなく、つながりがもつ「力」についても考えておきたいと思います。

　たとえば、乾らが行った高卒者への調査では、高卒後不安定な労働環境を転々とする者たちが、高校時代の友だち関係（地元つながり）に支えられて生きていることが明らかにされています（乾編著2013）。仕事の紹介といった就労面から精神的な支えまで、友だちとのつながりがかれらの重要な資源となっていたのです。また、近年では、若者の生き方・働き方の模索を支援する〈若者支援〉のスタッフが学校に入り込むことで、学校時代から専門職とのつながりをつくっておこうとする試みもあります（鈴木ほか2013）。学校時代に

---

[13] はてな匿名ダイアリー「保育園落ちた日本死ね！！！」https://anond.hatelabo.jp/20160215171759
（2018年7月30日確認）

多様で豊かなつながり・関係性を形成しておくことが、その後の歩みを支えることにつながるのです。

　今日の社会には厳しい状況が広がっており、「力をつけないとこの社会は生き抜けないぞ」という感覚は一理あるでしょう。しかし、そうした感覚は、ともすれば失敗やつまずきを自分の力が足りなかったせいだと感じさせることにもつながります。まさに「自己責任」論です。つまずかないよう、無限に「力」をつけ続けていくことなどできません。むしろ、弱さをともなった「こんな自分でも生きていけるな」という感覚をどう育んでいけるかを考えることも重要ではないでしょうか。仕事や他者関係から撤退し自宅にひきこもった経験をもつ若者が、〈支援〉を通じて、「こんな自分でも大丈夫」「まぁ何とかなるかな」と語るようになることがよくあります。それは、若者自身に何か「力」がついた結果というよりも、「自分を受け入れてくれる人・場所がある」「困ったら相談できる」「誰かが助けてくれる」と感じられる体験に裏打ちされたものであるようにも見えます。こうした感覚は、「力を（無限に）つけないと生き抜けない」という感覚よりも、よほどしなやかに、何らかの困難にあたっても挫けることなく自らの人生を歩んでいく支えになるともいえます。このように、他者とのつながりに支えられながら生きていくことの力強さを考えたとき、そうした関係性やつながりをどのようにつくっていけるかもまた、「進路指導」において考えられるべき重要な観点に思えてなりません。

　以上、「進路指導」を構想する際の視点を述べてきました。すでにわかるとおり、「進路指導」は特別活動などで限定的に行われるものではありません。さまざまな教科・領域で横断的に構想し、生徒が自らの生をより主体的に豊かに生きていくために必要となる力・関係性を、「権利」として保障していく実践が今日の「進路指導」に求められているのです。

引用・参考文献
赤堀正成「若者と転職」高橋祐吉・鷲谷徹・赤堀正成・兵頭淳史編『図説　労働の論点』旬報社、2016年、62-67頁
乾彰夫編著『高卒5年　どう生き、これからどう生きるのか―若者たちが今〈大人になる〉とは』大月書店、2013年
乾彰夫「怒りを表現すること―もう一つのキャリア教育」『教育』863号、2017年、5-11頁
井沼淳一郎「アルバイトの雇用契約書をもらってみる授業」川村雅則ほか（後掲）2014年、41-73頁
NHKスペシャル取材班『高校生ワーキングプア―「見えない貧困」の真実』新潮社、2018年
大阪府立西成高等学校『反貧困学習―格差の連鎖を断つために』解放出版社、2009年
川村雅則・角谷信一・井沼淳一郎・笹山尚人・首藤広道・中嶌聡『ブラック企業に負けない！学校で労働法・労働組合を学ぶ』きょういくネット、2014年

キャリア教育の推進に関する総合的調査研究協力者会議「キャリア教育の推進に関する総合的調査研究協力者会議報告書」2004年
児美川孝一郎『権利としてのキャリア教育』明石書店、2007年
児美川孝一郎『まず教育論から変えよう』太朗次郎社エディタス、2015年
鈴木晶子・松田ユリ子・石井正宏「高校生の潜在的ニーズを顕在化させる学校図書館での交流相談：普通科課題集中校における実践的フィールドワーク」『生涯学習基礎経営研究』38号、2013年、1-17頁
中嶌聡「『変える』を実現する労働法教育を」川村雅則ほか（前掲）2014年、126-137頁
本田由紀・内藤朝雄・後藤和智『「ニート」って言うな！』光文社新書、2006年
松永桂子・尾野寛明編著『ローカルに生きる ソーシャルに働く 新しい仕事を創る若者たち』農山漁村文化協会、2016年
文部科学省『高等学校キャリア教育の手引き』教育出版、2012年
Freire, P. (1968) *Pedagogia do Oprimido*, Bloomsbury Publishing Inc.（三砂ちづる訳『被抑圧者の教育学—50周年記念版』亜紀書房、2018年）
Furlong, A. & Cartmel, F. (1997) *Young People and Social Change*, Open University Press.（乾彰夫・西村貴之・平塚眞樹・丸井妙子訳『若者と社会変容—リスク社会を生きる』大月書店、2009年）

学びを深めるための図書案内

乾彰夫『〈学校から仕事へ〉の変容と若者たち—個人化・アイデンティティ・コミュニティ』青木書店、2010年
小野善郎・保坂亨『移行支援としての高校教育—思春期の発達支援から見た高校教育改革への提言』福村出版、2012年（続編は2016年）

学習課題

● 「進路指導」にかかわる実践を探し、そこでどのような力をつけることが目指されているか考察してみましょう。また、子ども・青年がよりよく自らの人生を歩んでいく際の支えとなるためには、どのような改善点があるか検討してみましょう。

● 自身の専門教科において、どのように「進路指導」の観点を盛り込んだ実践ができるか、構想してみましょう。

（原　未来）

コラム

「自立」へと歩みだす思春期・青年期

　10代から20代は「子ども」と「大人」の狭間にあって、依存から自立へと—そして「大人」へと—歩みを進めていく時期です。

　人は非常に無力な状態で生まれてきます。しばらくは、養育者の世話がなければ生きていくこともできません。それが、次第に自分で動き回り、歩行したり、言葉を用いて意思表示をしたりと、少しずつ自分でできることを増やしていきます。こうして、自立へと歩を進めていく過程のもっとも終盤に現れるのが思春期・青年期の時代です。

　思春期の子どもの心の内には、自立したい気持ちと、一人では心もとなく誰かに依存したい気持ちがないまぜとなっています。激しく反発したと思ったら、時に甘えてくるようなあり方に、親や教師は困惑することも少なくありません。依存したままでいたい気持ちを押さえつけながら、何とか自立しようと奮闘している本人たちは、依存が垣間見える状況—たとえば、親や教師の意見が反映されたようにみえる同級生や自らのふるまいなど—を「ダサい」「恥ずかしい」「むかつく」などと表現することで、何とか自立しようとする自分を保とうとするのです。

　こうした時期において、もっとも重要となってくるのは、友だちの存在です。これまで依存対象であり拠り所でもあった親の影響力は少しずつ減退し、代わりに、友だちの言動やそこで共有する価値観・考え方などが影響力をもつようになります。そして、親への依存状態のなかで形成されてきた、いわば親につくられた「自分」をくずし、新たな「自分」をつくりだしていくのです。そこでは、従来親を基軸として形成されてきた関係性に比べて、対等で共存的な関係性への組み替えも生じます（竹内常一『新装版　子どもの自分くずしと自分づくり』東京大学出版会、2015年）。こうした発達の過程と特徴を知り、それに伴う青年の揺れを見守り支えることが、教師や大人には求められます。

　ところで、「自立」といったとき、何でも一人でできるようになることをイメージする人がいるかもしれません。しかし、何にも頼らず一人きりで生きていける人などいないでしょう。脳性まひの障害をもつ熊谷晋一郎さんは、「自立は、依存先を増やすこと」だと述べています（〈公財〉東京都人権啓発センター「TOKYO人権」2012年冬号、Vol.56）。多くの場合、健常者は何にも頼らず自立していて、障害者はたくさんのものに依存していると思われがちですが、熊谷さんによると実は真逆だそうです。障害者の多くは親や施設しか頼るものがないなど、むしろ依存先は限られています。対して、もし「何にも依存していない」と感じている人がいるとすれば、それは膨大なものや人に浅く広く依存している結果、そのように感じられているのだといいます。ここから、自立のためには依存先を増やし、一つひとつへの依存度を下げていくことが必要だと指摘されています。このように考えてみると、親から、友だち・先輩・パートナーなどへと拠り所を広げていく「自立」の過程は、まさに「依存」する先を増やしていくこととともいえるかもしれません。

　子どもたちの将来を見据えたとき、「自立」はひとつの教育目標とされることが少なくありません。人に頼らず生きる自立をイメージするのか、人とのつながりのなかで支えられることをイメージするのかで、実践の方向性は大きく異なってくるのではないでしょうか。

（原　未来）

第5章
教育課程を創造する

Keywords: 教育課程、カリキュラム、学力

第5章で学ぶこと

　みなさんは教師として、どのような子どもたちを育てたいと考えますか。また、そうした子どもたちを育てるためには、学校において、何をどのようにして教える必要があると考えますか。学校教育を展開するうえで、教師にとって、「何のために」「何を」「いつ」「どのような順序で」「どのように教えるのか」を計画すること、すなわち、教育課程を編成することは重要です。そしてまた、その計画に基づいて実践を行い、その成果と課題を確認してより良い計画の立案につなげていくというサイクルで教育活動に取り組むことも求められます。こうした取り組みは、過去においても現在においても、国内外を問わず進められてきましたし、学問的な議論も重ねられてきました。そしてまた、これからの教育課程を創造するのは、みなさん一人ひとりです。本章では、これまでに重ねられてきた蓄積に学びながら教育課程の役割や編成の際の留意点などを確認するとともに、多様で充実した教育課程を創造するための方途について考えていきましょう。

1. 教育課程の編成主体としての学校と教師

　図1は、「きのくに子どもの村小学校」(以下、「きのくに」)という私立小学校の時間割です。自身が所属していたクラスの時間割を思い出し、図1の時間割と比較してみましょう。そこには、おそらくみなさんの多くにとっては見慣れた「理科」や「社会科」などの教科や「道徳」「学級会」などがないことが分かります。また、基本的に90分がひとまとまりとなっている点も、みなさんの経験してきたものとは異なっているかもしれません。

　この小学校で設定されている「プロジェクト」とは、「人が生きる」ことを「衣」「食」「住」の三つの視点から追求する体験学習です。たとえば、「自分たちの生活空間を楽しく豊かに」をテーマとする「工務店」や、「自分たちで作物を育て、料理して食べることを楽しむ！」をテーマとする「ファーム」などのプロジェクトが設定され、ものづくりや調査活動などを通した学習が行われます(きのくに子どもの村小学校のウェブサイトより)。「基礎学習」では、「プロジェクト」の中で生じた問題の解決に必要な資料収集や関連教科の学習、読み書き算に関する学習などが行われます。「自由選択」とは、多くのメニューの中から子どもたちが選択して行うグループ学習です。「ユースフルワーク」とは、一人がひとつ、みんなの役に立つような仕事を責任を持って行う時間です。そして「全校ミーティング」では、学園の規則や運営方針などの様々な決定事項に関する話し合いが行われます。「きのくに」に併設されている「きのくに子どもの村中学校」では、「国語」「数学」「英語」「社会」「理科」の5教科の時間が設定されますが、その他の教科や教科外教育の時間は個別には設定されません。また、「プロジェクト」が時間割全体の3分の1を占めてい

	月	火	水	木	金
8:55 9:05		ユースフルワーク	ユースフルワーク	ユースフルワーク	ユースフルワーク
9:10 10:40		基礎学習	プロジェクト	プロジェクト	自由選択 (5・6年生は英語)
11:00 12:35	プロジェクト	自由選択	プロジェクト	プロジェクト	基礎学習
	昼休み				
13:40 15:10	基礎学習	自由選択	プロジェクト	基礎学習 全校ミーティング (〜15:20)	プロジェクト

図1　きのくに子どもの村小学校の時間割
(図は、きのくに子どもの村学園の2018年度の時間割表をもとに、木村が作成)

ます(きのくに子どもの村中学校のウェブサイトより)。

一見すると非常に特徴的で珍しい時間割だと思うかもしれません。しかしながらこの学校の教育活動は、次節で取り上げる学習指導要領、すなわち学校教育において扱うべき内容や留意点などを定めた国のガイドラインに沿ったものとなっています。国のガイドラインに示された枠内で、自校の理念に基づいて最大限の工夫を行いながら独自の教育課程を編成し、それに基づく教育活動を進めているのです。

2. 学習指導要領と教育課程編成

文部科学省は学習指導要領の総則において、「各学校においては、教育基本法及び学校教育法その他の法令並びにこの章以下に示すところに従い、生徒の人間として調和のとれた育成を目指し、生徒の心身の発達の段階や特性及び学校や地域の実態を十分考慮して、適切な教育課程を編成する」ものとしています(文部科学省2017a、3頁)。ここからも分かるように、教育課程とは各学校において編成するものです。そのため教師には、学習指導要領をはじめとする国の方針をふまえつつ、各学校の実情にあわせてその内容を解釈・調整しながら教育課程を編成するための力量が求められます。先に見た「きのくに」の教育課程は、こうした背景の中で創造されたものだと言えます。

ここではまず、学習指導要領に示されている、日本の学校の教育課程の構造を確認しておきましょう(図2)。中学校を例に挙げると、中学校の教育課程は、「教科」と、教科外教育である「特別の教科 道徳」「総合的な学習の時間」「特別活動」で構成されます。そして、教科および教科外(以下、両者をまとめて教科等と示す)の教育活動はそれぞれ、扱う学習内容の一つのまとまりである「単元」で構成され、さらに単元は複数の「授業」で構成されま

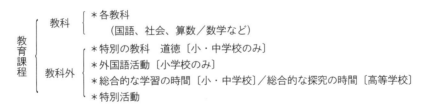

図2 日本の学校の教育課程の構造

(図は、2017・2018年版学習指導要領〈小・中・高等学校〉をもとに、木村が作成)

---

(1)「特別の教科 道徳」には「教科」の名称がついていますが、従来は教科外教育として位置づけられてきたものであり、また、2017年版学習指導要領においても「各教科」とは別に章立てがなされているため、ここでは教科外教育として扱います。

す。そのため、教育課程を編成する際には、各授業の計画、各単元の計画、各教科等の計画、各学年の計画、学校全体の計画などさまざまなレベルで検討することが必要です。したがって、教育課程の編成はすべての教師が取り組むべきこととなるのです。

なお、図2にも示したように「特別の教科　道徳」は小学校と中学校のみに設置されているものであり、高等学校には設置されていません。また、2018年版学習指導要領より、高等学校では「総合的な学習の時間」が「総合的な探究の時間」へと改称されました（以下、両者をまとめて扱う場合には、「総合的な学習／探究の時間」と示す）。さらに、小学校の教育課程には、第3学年と第4学年を対象とした「外国語活動」も設置されています。

ところで、学校教育に代表される公教育はすべての国民に開かれているものであり、また、保障されているものです。そのため学校教育では、すべての国民に必要最低限の学力の習得を保障する必要があります。各学校が教育課程編成の際に従うべき国家基準である学習指導要領は、全国的に一定の教育内容と水準を維持する役割を果たしているのです。

学習指導要領は、1947年にはじめて作成されました。当時は各学校が教育課程を編成する際の「試案」という性格のものであり、各学校が教育課程を編成する際の参考資料という位置づけがなされていました。この「試案」としての性格は1951年版にも引き継がれましたが、1958年の改訂において学習指導要領は「告示」されるものとなり、その規定に沿う必要があるものという性質を付与されて現在に至ります。ただし、2003年の一部改訂時に「はどめ規定」が外されたことにより、学習指導要領は、その記述内容を超えて教えてはならない事項を示すものから最低限扱うべき事項を示すものへと、その性格を変えました。また、図3に示したように、教育課程の中に設置すべき領域にも変遷が見られます。

このように、学習指導要領の内容や強調点、すなわち、学校教育を通して扱うべき内容や保障すべき学力だと考えられているものは、社会状況や時代の変化などを背景として変わってきています。したがって、学習指導要領の内容が子どもたちにとって必要とされて

1947年版：教科（※「教科課程」と呼ばれる）
1951年版：教科＋教科以外の活動（以降、「教育課程」と呼ばれる）
1958年版：各教科＋道徳＋特別教育活動＋学校行事等
1968・1977・1989年版：教科＋道徳＋特別活動
1998年版：教科＋道徳＋特別活動＋総合的な学習の時間
2008年版：教科＋道徳＋外国語活動＋総合的な学習の時間＋特別活動
2017年版：教科＋特別の教科　道徳＋外国語活動＋総合的な学習の時間＋特別活動

図3　日本の学校の教育課程の構造の変遷（小学校の例）

（図は、国立教育政策研究所の「学習指導要領データベース」より閲覧可能な過去の学習指導要領、ならびに2017年版学習指導要領〈小学校〉を参考に、木村が作成）

いる理由を検討したり今後の社会のあり方を見通したりしながら、各学校の教育課程編成や授業づくりに取り組むという視点を身につけることが重要であると言えます。

3. 学力を問う

　文部科学省は学校において編成する教育課程について、「学校教育の目的や目標を達成するために、教育の内容を生徒の心身の発達に応じ、授業時数との関連において総合的に組織した各学校の教育計画」であり、「学校の教育目標の設定、指導内容の組織及び授業時数の配当が教育課程の編成の基本的な要素」になるとしています（文部科学省2017b、11頁）。このように、教育課程を編成する際には、「何のために」「どのような」教育課程を編成するのかを検討することが求められます。そして、「何のために」を問う際に重要となるのが、どのような学力を身につけさせたいのかを問うことです。この点を明確にすることによってはじめて、教育課程編成の方向性を明らかにすることができるからです。

　また、ある教科や領域が設置されているということは、それがなければ十分に身につけることのできない学力や扱うことのできない内容などの存在が想定されていることを意味します。したがって、「なぜその教科や領域が必要なのか」「その教科や領域での学習を通して、特にどのような学力を身につけさせることが必要となるのか」を教師が十分に検討したうえで、教育課程編成や授業づくりにつなげていくことが必要です。

　近年、学校教育を通して育成がめざされる力に関する議論が重ねられています。たとえば、中央教育審議会第一次答申「21世紀を展望した我が国の教育の在り方について」（1996年7月19日）では、「生きる力」(2)を育成することの重要性が提唱されました。また、2008年版（高等学校は2009年版）学習指導要領(3)では、学力の3要素（「基礎的・基本的な知識・技能の習得」「知識・技能を活用して課題を解決するために必要な思考力・判断力・表現力等」「学習意欲」）および学習活動の3類型（「習得」「活用」「探究」）を意識した教育課程編成の必要性や、学力形成を促すための重要な取り組みとして「言語活動の充実」を図る

---

(2) 「生きる力」とは、「いかに社会が変化しようと、自分で課題を見つけ、自ら学び、自ら考え、主体的に判断し、行動し、よりよく問題を解決する資質や能力」「自らを律しつつ、他人とともに協調し、他人を思いやる心や感動する心など、豊かな人間性」「たくましく生きるための健康や体力」の三つから成るものとされています。また、この答申を受けて作成された1998年版（高等学校は1999年版）学習指導要領では、「生きる力」の育成に関して重要な役割を担うものとして、「総合的な学習の時間」が新設されました。この「生きる力」の育成という方針は、現在も継続しています。
(3) 「知識基盤社会」における「生きる力」の育成という1998年版学習指導要領の理念を引き継ぎつつ、2003年のPISA調査での順位の大幅な低下（いわゆる「PISAショック」）や2006年に改訂された教育基本法などをふまえて作成されました。

ことなどが提案されました。

さらに、2017年（高等学校は2018年）告示の学習指導要領に関しては、学校教育を通して育成すべき「資質・能力」を、「何を理解しているか、何ができるか（生きて働く「知識・技能」の習得）」「理解していること・できることをどう使うか（未知の状況にも対応できる「思考力・判断力・表現力等」の育成）」「どのように社会・世界と関わり、よりよい人生を送るか（学びを人生や社会に生かそうとする「学びに向かう力・人間性等」の涵養）」の三つの柱で整理し、教育課程を通じてそれらをいかに育成していくかという観点から構造的な見直しを行うことの必要性が提案されました（中央教育審議会「幼稚園、小学校、中学校、高等学校及び特別支援学校の学習指導要領等の改善及び必要な方策等について〈答申〉」〈2016年12月21日〉、28-31頁）。[4]

ここからもわかるように、学校教育を通して子どもたちに育成すべき力の内容は不変のものではなく、社会や子どもの変化などに影響を受けて変化し得るものです。また、そうした学力の内容によって、教育課程編成の方向性や具体的な授業のあり方も変わります。したがって、学力について論じる場合には、教科に関する知識や技能などに関する議論に加えて、教育課程全体を通じて、すなわち、学校教育全体を通じてどのような子どもを育てたいのか、そしてそのためには、個々の教科や領域においてどのような力を育てることが必要なのかという視点をふまえながら検討することが求められるのです。

さらに、学習指導要領において全国的な方向性が示されたとしても、それを具体的な実践に反映させるのは教師一人ひとりです。また、「総合的な学習／探究の時間」に見られるように、扱うべき内容や目標を学校で独自に設定して進めることのできる時間も設定されています。こうした近年の議論や教育課程編成における学校の裁量をどのように生かして学校独自の教育課程を編成するのか、教師の力量が問われているところだと言えるでしょう。教師には、子どもたちの実態や学校を取り巻く諸条件などを念頭に置きながら、学習指導要領を読み解き、使いこなすことが求められるのです。

4. 教育課程編成をめぐる諸課題

ここで、「教育課程」と「カリキュラム」の関係を確認しておきましょう。上述のように、「教育課程」とは、「学校教育の目的や目標を達成するために、教育の内容を生徒の心身の

---

(4) この整理は、これまで主に「内容」に基づいて教育課程編成を行うことを想定していたところから、「資質・能力」に基づいて教育課程編成を行うことを求めるようになるという、大きな変化であると言えます。

発達に応じ、授業時数との関連において総合的に組織した各学校の教育計画」とされます。一方、カリキュラムとは「子どもたちの成長と発達に必要な文化を意図的に組織した、全体的な計画とそれに基づく実践と評価を統合した営み」と捉えられるものです（田

- 学校論（学校・学級経営のあり方、地域連携のあり方など）
- 共通・選択論（共通必修、選択必修、選択などの区分など）
- 領域論（教科と教科外、特設道徳と総合学習の位置づけなど）
- 教科論（それぞれの教科の存在理由と新しい教科の可能性など）
- 編成論（各教科の内容の系統性など）
- 進級論（履修原理、進級・卒業原理など）
- 接続論（各学校階梯のカリキュラムの接続など）
- 施設・設備論（学校建築、校具・教具の設置など）

図4　カリキュラム固有の領域
（図は、田中2008、86-87頁をもとに、木村が作成）

中2008、86-87頁）。その主要な違いは、「計画」にとどまるのか、実践と評価まで含むのかという点にあります（コラム「カリキュラム・マネジメント」も参照）。田中はさらに、カリキュラムをこのように捉える立場に立てば、「カリキュラムと授業実践、教育実践とは不離一体の関係でありながら、カリキュラムには、授業実践、教育実践には解消されない以下のような独自の領域や課題がある」（田中2008、86-87頁）とし、具体的な独自の領域や課題として、図4に示した八つを挙げています。

　ここでは特に、「領域論」と関わって、次の二点を意識することの重要性を指摘しておきたいと思います。一つ目は、認識と情意の関係をどう捉え、どのように教育課程に位置づけるのかという点です[5]。日本の学校教育では、科学的な認識（知識や技能）の育成（陶冶）と学習者の価値観や道徳性、性格特性や行動様式の育成（訓育）の双方がめざされています。前者は特に教科教育を通して、後者は特に教科外教育を通して扱われることがイメージされやすいものですが、たとえば、教科教育の場面を考えてみると、他者と協力して実験や調査を行ったり、お互いの意見を聞き合ったり深め合ったりすることもあります。また、たとえば道徳の時間に命の尊厳について考える場合に、科学的な研究の到達点や課題をふまえた議論を行うことが必要となる場合も考えられます。したがって、認識面と情意面それぞれの指導をどのように関連づけながら教育課程全体の中に位置づけ、両者をどのように育成するのかを問うことが求められるのです。

　二つ目は、「総合的な学習／探究の時間」の位置づけと役割を検討するという点です[6]。

---

(5) これは、「道徳の時間」を特設することの必要性の有無というかたちで、歴史的に議論されてきた点でもあります。
(6) 総合的な学習の時間は、小・中学校の教育課程へは1998年版（高等学校へは1999年版）学習指導要領において正式に位置づけられました（全面実施は、小・中学校では2002年度、高等学校では2003年度から）。

先述のように、新たな教科や領域を設置する場合には、他の教科や領域では扱いきれない内容や十分に身につけることが難しい学力の存在が想定されます。この点に関して、総合的な学習の時間には、「子どもたちの『体験』や『直接経験』を重視」すること、「課題の総合性と方法

> ①教育課程全体を「総合的な学習」化しようとする構想であって、そこでは「総合的な学習」とは区別される教科学習の独自性それ自体を批判または否定の対象とする立場
> ②教科学習の「総合性」を重視し、「総合的な学習」は事実上教科学習の軽視または否定につながると考える立場
> ③教科学習の「総合性」には解消されない「総合的な学習」の「総合性」の独自性を認めた上で、両者の「相互還流」を構想しようとする立場

図5　総合的な学習と教科学習との関係をめぐる三つの立場
（図は、田中2018、160頁を一部抜粋するかたちで、木村が作成）

知の学習が強調されること」、「学習の節々でその活動の成果を発表・交流することを意識的に行ってい」ることという三つの特質があることが指摘されています（田中2018、161-164頁）。

ただし、総合的な学習と教科学習の関係をめぐっては、図5のように三つの立場があることも指摘されています。また、戦後の学習指導要領をめぐる理論と実践の研究の中で重ねられてきた総合学習をめぐる議論には、今なお、考えるべき点が多く見られます。現在の学習指導要領に基づく教育課程編成を行う場合、総合的な学習／探究の時間の存在を前提とすることになりますが、そうであるからこそ、その時間の中で特に身につけさせるべき力とは何かを十分に問うことが求められます。そしてさらに、学習者の全人的な発達を支えるという立場に立ったときに、教科学習と総合的な学習／探究の時間をどのように関連づけ、学校の教育課程全体を編成することが有効であるのかを検討することが不可欠の課題であると言えます。[7]

5. 豊かな教育課程の創造に向けて

ここでは最後に、今後の教育課程のあり方を考えるにあたって、次の2点を確認しておきたいと思います。

一つ目は、「持続可能な開発のための教育（Education for Sustainable Development：以下、ESD）」との関わりを意識することです。ESDとは、「これら〔引用者注：環境、貧困、人権、平和、

---

(7) なお、日本には、たとえば私立和光学園（東京都）の総合学習や相模原市立谷口中学校（神奈川県）の「谷口ドリーム学習」、滋賀大学教育学部附属中学校の「BIWAKO TIME」など、注目すべき取り組みが多く存在しています。これらの取り組みに学ぶことによって、各学校独自の総合的な学習／探究の時間を創造していくうえで、また、総合的な学習／探究の時間を含む教育課程全体を創造していくうえで、重要な示唆を得ることができるでしょう。

開発〕の現代社会の課題を自らの問題として捉え、身近なところから取り組む（think globally, act locally）ことにより、それらの課題の解決につながる新たな価値観や行動を生み出すこと、そしてそれによって持続可能な社会を創造していくことを目指す学習や活動です。つまり、<u>ESDは持続可能な社会づくりの担い手を育む教育です</u>」（日本ユネスコ国内委員会のウェブサイト内にあるESDに関するページ、下線は原文のまま）とされる教育活動です。これは、貧困や環境破壊など、今後のより良い社会を実現するためには解決しなければならないものの解決策が見つかっていない諸問題の解決に取り組むことのできる人間の育成をめざすものであり、ユネスコを中心として国際的にも推進されてきた教育活動です。日本の学習指導要領においても、これからの学校には子ども一人一人を「持続可能な社会の創り手となることができるようにすることが求められる」（文部科学省 2017a、2頁）とされています。ただし、ESDは、教育課程上に新たに時間を設置して実践されるものでもなく、また、既存の特定の教科や領域の中でのみ扱われるものでもありません。学校教育を何のために行うのかという根本的な問題に深く根ざした理念として捉え、教育課程編成につなげていくことが肝要です。

　二つ目は、学校の機能を検討することです。学校の教育課程は、国や都道府県が定める方針や、各学校あるいは各教師の信念などに影響を受けながら編成されます。すなわち、何かが選択され、また、何かが選択されないことによって具体化されていくのです。したがってそこには、編成に関わる組織や人々などの意図が何らかのかたちで反映されます。そして、このようにして編成された教育課程は、既存の社会のあり方を維持・再生産するかたちで機能する場合もあれば、権力を有する者のめざす社会のあり方の実現に寄与するかたちで機能する場合や、そうした社会のあり方自体を批判的に問い直してめざすべき新たな社会像を検討するものとして機能する場合もあります。したがって、学校をどのような機能を持つ場として捉えるのか、そしてその機能を充分に発揮させるためにはどのような教育課程が望ましいのかを検討することが求められるのです（木村2014も参照）。

　上述のように、教育課程とは各学校において、学習指導要領をはじめとする国の方針をふまえつつ各学校の実情にあわせて編成するものです。国内外の多様な教育課程の具体例を知ることによって教育課程のあり方に関するイメージを豊かにすることや理論的な議論を学ぶことを通して、また、子どもたちの実態や学校を取り巻く社会のあり方と丁寧に向き合うことを通して、より豊かで多様な教育課程を創造していくことが、各学校、そして各教師には求められているのです。

引用・参考文献

木村裕『オーストラリアのグローバル教育の理論と実践―開発教育研究の継承と新たな展開』東信堂、2014年

田中耕治『教育評価』岩波書店、2008年

田中耕治「教育課程の思想と構造」田中耕治他『新しい時代の教育課程〔第4版〕』有斐閣、2018年、141-169頁

文部科学省『小学校学習指導要領』2017年（http://www.mext.go.jp/component/a_menu/education/micro_detail/__icsFiles/afieldfile/2018/03/29/1384661_4_2.pdf：2018年3月31日確認）

文部科学省『中学校学習指導要領』2017年a（http://www.mext.go.jp/component/a_menu/education/micro_detail/__icsFiles/afieldfile/2018/03/29/1384661_5_2.pdf：2018年3月31日確認）

文部科学省『中学校学習指導要領解説―総則編』2017年b（http://www.mext.go.jp/component/a_menu/education/micro_detail/__icsFiles/afieldfile/2017/07/04/1387018_1_2.pdf：2018年3月31日確認）

きのくに子どもの村小学校のウェブサイト：（http://www.kinokuni.ac.jp/nc/html/htdocs/?page_id=71：2019年2月20日確認）

きのくに子どもの村中学校のウェブサイト：（http://www.kinokuni.ac.jp/nc/html/htdocs/?page_id=48：2019年2月20日確認）

国立教育政策研究所の「学習指導要領データベース」のページ：（http://www.nier.go.jp/guideline/index.htm：2019年2月20日確認）

日本ユネスコ国内委員会のウェブサイト内にあるESDに関するページ：（http://www.mext.go.jp/unesco/004/1339970.htm：2019年2月20日確認）

学びを深めるための図書案内

田中耕治他『新しい時代の教育課程〔第4版〕』有斐閣、2018年

西岡加名恵編著『教職教養講座　第4巻　教育課程』協同出版、2017年

水原克敏『学習指導要領は国民形成の設計書―その能力観と人間像の歴史的変遷［増補改訂版］』東北大学出版会、2017年

学習課題

- 戦後の学習指導要領の歴史的な変遷ならびにそれぞれの学習指導要領の特徴と、改訂の背景にあった社会状況や議論をまとめ、近年の教育課程改革を読み解く際に留意すべき視点や論点を検討しましょう。
- 自身が興味を持った国内外の教育課程の事例を探し、本章の内容もふまえながら、その事例の特徴や工夫、改善点などを検討しましょう。
- 自身が実践してみたいと考える「総合的な学習／探究の時間」の年間指導計画を作成してみましょう。そして、本章の内容もふまえながらその年間指導計画の特徴や工夫を他者に説明し、議論を行うことを通して、お互いの計画をより良いものにしていきましょう。

（木村　裕）

コラム

カリキュラム・マネジメント

　カリキュラム・マネジメントとは、「生徒や学校、地域の実態を適切に把握し、教育の目的や目標の実現に必要な教育の内容等を教科等横断的な視点で組み立てていくこと、教育課程の実施状況を評価してその改善を図っていくこと、教育課程の実施に必要な人的又は物的な体制を確保するとともにその改善を図っていくことなどを通して、教育課程に基づき組織的かつ計画的に各学校の教育活動の質の向上を図っていくこと」（文部科学省『高等学校学習指導要領』2018年、4頁〈第1章総則第1款5〉）を意味します。ここからわかるように、カリキュラム・マネジメントを行う際には、学校教育目標を明確にしたうえで教科等のつながりを意識しながら教育課程を編成するとともに、その実施と評価を行って改善を図ること、そして、教育課程の実施に必要な体制の確保と改善を図ることが必要です。これにより、編成した教育課程の成果や課題を確認し、その後のより良い教育課程編成につなげることがめざされるのです。

　カリキュラム・マネジメントを行うためには、まず、学校教育全体を通してどのような子どもの育成をめざすのかという学校教育目標を明確化するとともに、それをすべての教員で共有することが求められます。そしてそのうえで、小学校では6年間、中学校および高等学校では3年間を通して、どの教科・領域のどの単元や授業などにおいてどのようなテーマや学習活動を位置づけるのか、それぞれをどのように関連づけるのか、それによってどのような力量をどのように高めることをねらうのかといったことを、教科・領域横断的かつ長期的な視野で計画することが重要となります。

　また、カリキュラム・マネジメントを進めるにあたっては、IEA（The International Association for the Evaluation of Educational Achievement：国際教育到達度評価学会）によって提案された「意図したカリキュラム」「実施したカリキュラム」「達成したカリキュラム」の三つの次元でカリキュラムを捉えるという発想が示唆的だと考えられます。「意図したカリキュラム」とは国または教育制度の段階で決定される内容のことであり、日本では、学習指導要領に代表されます。「実施したカリキュラム」とは、「意図したカリキュラム」を念頭におきながら、学校や地域、担当する子どもたちの諸条件を勘案して、教師が実際に子どもたちに与える内容をさします。そして「達成したカリキュラム」とは、「実施したカリキュラム」を通して、子どもたちが獲得する内容のことをさします。これら三つの次元でカリキュラムを捉えることによって、各学校において目の前の子どもたちや学校を取り巻く諸条件をふまえながら教育活動を構想するとともに、それに基づいて展開した教育活動の成果や課題を丁寧に評価し、改善につなげることが可能になります。これはまた、「隠れたカリキュラム」も含めて、学ぶ主体（子ども）の側に立って、学習の結果として子どもたちが身につけたもの（子どもが実際に何を学んだのか？）を考慮することにもつながります。

　カリキュラム・マネジメントは、教職員がそれぞれの持つ専門性を充分に発揮しながら連携し、めざす子どもの姿や学校の姿を構想し、その実現をめざすという、創造的で多様な可能性を秘めた取り組みです。子どもや学校の実態やニーズを丁寧にふまえつつ、教職員の信念や願いも織り込みながら展開することが期待されます。　　　　　　　（木村　裕）

第6章
子どもの学習権から学校をとらえなおす

Keywords: 近代公教育制度、学校の機能、教育を受ける権利、学習権、子どもの権利条約

---- **第6章で学ぶこと** ----

　現代日本社会では、学校に行くのは当たり前のこととして受け止められています。しかし、学校の歴史を紐解けば、すべての子どもが学校に行くようになったのはごく最近のことです。なぜ私たちは学校に通うのでしょうか。学校は何のために存在しているのでしょうか。

　本章では、公教育制度の歴史的展開を通じて学校の機能と役割について学ぶとともに、子どもの権利と学習権の観点から、今日の学校のあり方をとらえなおすことを目指しています。

1. 学校の光と影

　みなさんは学校が好きですか。自らの学校経験をふりかえったとき、楽しい充実した日々を思い起こす人もいれば、苦く辛い経験が心を占める人もいるでしょう。学校が、どの子どもにとっても安心して楽しく学ぶことのできる希望に満ちた場であってほしいと強く願っていますが、現実は必ずしもそうではありません。

　　学校なんて大きらい　みんなで命を削るから
　　先生はもっときらい　弱った心を踏みつけるから

　これは、1984年に15歳で自ら命を絶った少女が書き残した言葉です（尾山・保坂1986）。この少女にとって、学校は「命を削る」場所であったことを重く受け止めたいと思います。残念ながら、今日でも学校を苦にして自ら死を選ぶ子どもたちが後を絶ちません。警察庁ならびに厚生労働省の統計によれば、2017年には小学生11人、中学生108人、高校生238人が自殺で亡くなっています。自殺の原因や動機は、「学業不振」や「進路に関する悩み」、「学友との不和」など学校問題に起因するものが36.4％を占めています（厚生労働省2018）。
　また、学校に行けない・行かない不登校の子どもたちも年々増加しています。文部科学省によれば、不登校とは、学校を年間30日以上欠席した者のうち、病気や経済的な理由による者を除いて「何らかの心理的、情緒的、身体的あるいは社会的要因・背景により、登校しないあるいはしたくともできない状況にある」子どもと定義されています。同省の調査結果によると、2016年度の不登校児童生徒数は13万人を超えています。小学校では208人に1人、中学校では33人に1人が不登校となっています（文部科学省2017）。
　本来、学校は子どもたちの教育を受ける権利や学習権をゆたかに保障するための場所です。子どもたちの成長と発達を支え、知的好奇心を刺激し、よりよい未来を創造しうる社会の形成者を育てるために学校は存在しているはずです。にもかかわらず、学校が子どもにとって、または教師自身にとって息苦しい場になってしまうのはなぜでしょうか。学校が、ときに命を絶つほど堪え難い存在として子どもの前に立ちはだかっているという事実に、わたしたちはどのように向き合うことができるのでしょうか。
　以下では、学校制度の歴史的歩みをひも解きながら、学校のもつ機能と役割を考察するとともに、学校の可能性を探ってみましょう。

2. 学校の歴史的性格

(1) 学校の起源

「学校 (school)」の語源は、古代ギリシャの「スコーレ (schole)」から来ています。「スコーレ」とは、「余暇」を意味します。古代ギリシャは、奴隷制の社会であり、労働から解放された自由民は、余暇を真理探究のために費やすことができました。その他、古代のエジプトや中国でも学校がつくられていたことが知られています。いずれも、貴族や僧侶の子弟のみを対象とするもので、限られた者だけが学校で学ぶことができました。

このように、学校は、労働から解放された限られた者たち、つまり特権階級だけを対象としてきました。こうした様相が大きく変化したのは、19世紀のことです。すなわち、産業革命による社会的生産力の飛躍的増大が、学校の対象を一部の者からすべての人びとへと拡げる社会的条件を生み出しました。

(2) 近代学校の誕生

産業革命は、資本主義の成立と発展をもたらしました。機械制大工業の出現により、これまでの生産様式が変革され、資本家と労働者という二大階級が新たに成立していきます。資本家が経営する機械制工場で働く賃労働者が大量に求められるようになり、女性や子どもまで賃労働者として駆り出されました。

機械制工場の労働条件は劣悪で、低賃金・長時間労働が蔓延しており、子どももおとなと同じように酷使されました。機械制工場が乱立する都市部では、失業、貧困、犯罪の増加といった社会不安が増大し、賃労働者として働く子どもたちの知的荒廃や道徳的退廃が問題視されるようになります。

こうした中で、労働者たちは、資本家による搾取と抑圧に反発して、労働運動をおこしていきます。資本主義がいち早く成立したイギリスでは、チャーティスト運動と呼ばれる大規模な労働運動が展開されました。労働者階級は、「人民憲章 (People's Charter)」を掲げて政治的権利の獲得をめざすと同時に、労働条件の改善や労働者の子弟に対する社会的保護の必要性を訴えました。第一人者であるウィリアム・ラヴェットは、教育は「人間の尊厳を高め、その幸福を進めるための普遍的な道具」であると述べています。他方、資本家階級も、労働者の階級的自覚に恐れをなし、「革命の防波堤」としての役割を教育に期待するようになります (堀尾1989、32-36頁)。労働運動の成果として成立した工場法には、児童労働の禁止と就学の義務が盛り込まれました。工場法の中の教育条項は、すべての子

どもを対象とする義務教育へと発展していきました。

19世紀後半には、各国で、すべての子どもに就学の機会を提供する義務教育制度が成立します。しかし、そこで、大衆教育の原理として採用されたのは、ベルやランカスターが考案したモニトリアル・システムという教授法でした。モニトリアル・システムは、能力別に集団（クラス）を編成し、その中から優秀なもしくは年長の生徒をモニター（助教生）に抜擢して各クラスの教授を代行させることにより、大量教育を可能にしました。

モニトリアル・システムの特徴は、第一に、機械制工場における分業制を知識伝達にも適用し、教える内容を細分化・段階化して教授活動を単純化したこと。第二に、子どもたちを読み書きと計算（3R's）の能力に応じて振り分け、競争と賞罰制度によって学習意欲を喚起し、試験により上の段階へと進む等級制をとったこと。第三に、教授内容と時間を定量化し、モニターの号令に即して一斉行動を要求し、学習規律を訓練したことにあります。このようにして、安上がりで効率的な教授学習組織がつくりあげられました。まさに、モニトリアル・システムは、機械制工場の生産方式を反映するものであったといえます（柳2005）。

モニトリアル・システムは、やがてギャラリー方式の一斉教授法にとって代わられますが、近代以前の伝統的な教育のあり方を大きく変容させた点で画期的な意味をもちました。つまり、前近代においては個別教授が基本で、何をどれだけ学ぶのかは、学び手の身分や家業などの属性によって左右されていました。それに対し、近代学校は、子どもたちを能力別に序列化し、徹底的に規律化して3R'sを機械的に注入される受動的な存在たらしめました。そこでは、子どもの個別性は排除され、没人格的に学校の権威的秩序に従うことが強いられました。機械制工場で労働者が労働から疎外(1)されたように、近代学校で子どもたちは学習から疎外されることとなったのです。

(3) 日本の公教育制度

19世紀後半、資本主義社会は帝国主義段階をむかえます。それに伴い、各国では国民教育のための公教育制度を整備していきました。すなわち、国民統合の手段として学校教育が利用されるようになったのです。学校がもつ社会統制機能は、国民国家の形成に寄与しました。

とりわけ、日本においては、国家によって近代公教育制度の創設が強力に推し進められ

---

(1) 機械制工場では人間が機械の付属品として機械に支配されるなど、資本主義のもとでの労働は苦痛に満ちており、労働者の心身は圧迫され、破壊されました。このように、自分がつくりだしたものが自分から独立し、自分に対立し、自分を否定して、自分本来の姿を失うことを疎外といいます。

ました。学校に就学することは、徴兵・納税とならぶ国民の義務だったといわれています。

　1889年に発布された大日本帝国憲法は、天皇を絶対的な存在として位置づけ、天皇を中心とした国家体制を構築しました。他方で、国民は、君主である天皇に仕える「臣民」（家来）であるとされ、「臣民」の権利は天皇から与えられた恩恵的権利にすぎませんでした。

　大日本帝国憲法と一体的に定められた「教育ニ関スル勅語」（教育勅語）は、国民教育の根本理念とされ、国民統合の精神的主柱として重大な役割を果たしました。教育勅語は、「臣民」が遵守すべき道徳的価値を列挙していますが、それらはすべて「以テ天壌無窮ノ皇運ヲ扶翼スヘシ」の一点に集約されています。すなわち、天皇への忠義が至上の価値とされたのです（高橋2017）。それは、天皇を君主とする国家に対し、全人格的な隷属を強いるものにほかなりませんでした。

　このように、「忠君愛国」の精神の育成を教育の目的に据え、国体観念に違背しない範囲で教育内容を編成し、中央集権的統制を行った点に日本の近代公教育制度の特質があります。

(4) 学校の機能

　近代以降、学校教育を通じて社会全体が能力主義的に再編されていきました。近代公教育制度は、一面では、前近代における身分的差別から人間を解放し、自らの能力を開花させる機会を提供しました。つまり、個人の能力や業績次第で一定の社会移動が可能となったのです（吉川・中村2012）。しかし、そのことは、他面では、学校が能力による社会的選別と淘汰の機関として機能していることを意味しています。資本主義社会の固有の原理であるメリトクラシーすなわち能力主義は、能力以外の差別を禁じた点で人間の平等へと連なる側面を有する反面、能力による差別を容認するという矛盾を孕んでいます。

　能力主義にもとづく人材選別機能は、現代日本の学校でも顕著かつ強固に作用しているといってよいでしょう。しかも、今日では、メリトクラシーは社会的流動性を高めるのではなく、実際には社会的不平等や格差の再生産に寄与していることが暴かれつつあります。すなわち、現実には、親の収入や出身階層および学歴や文化的活動といった家庭的背景が子どもの学力に大きな影響を与えていることが明らかになっています。しかし、「努力＝平等主義を基調とする日本型メリトクラシー」は、こうした能力の階層差を個人の頑張り（努力）次第で乗り越えられるという幻想によって努力にも階層差があることを隠蔽してきました（苅谷2001、159頁）。機会の平等は見せかけの平等にすぎず、学校における競争こそが子どもたちを相互排他的関係に追い込んでいることが明らかになっています（久冨1993）。このように、日本の学校の過度に競争主義的な環境が、いじめや不登校、自殺

を助長している可能性は否めません。

　問題なのは、「能力」を個人還元主義的に捉える点にあります。そもそも人間の発達は、本源的に共同性の中で遂げられるのであって、それはどのような社会形態においても断たれることはありません。教育という営みまたは教授＝学習過程も、人間と人間による共同行為として成立しています。したがって、人間の「能力」も、個人と諸環境との相互関係に依存するものであって、真に個人の所有に属するものとは言い難いのです。このように、人間の「能力」を《能力の共同性》において把握することが（竹内1993）、学校の本来的なあり方を展望する上で大切ではないでしょうか。

3. 権利としての教育をゆたかに

(1) 日本国憲法と教育を受ける権利

　戦後、日本国憲法と教育基本法によって、新しい理念が打ち立てられました。日本国憲法第26条において「すべて国民は、法律の定めるところにより、その能力に応じて、ひとしく教育を受ける権利を有する」と定められ、国民にとって教育を受けることは権利であり、基本的人権のひとつであることが確認されました。「教育を受ける権利」の意義は、何よりも「教育を受けること、より積極的には、学習することが、子どもの、国民の、生存のための、幸福追求のための基本的権利の一つとして認められた点」（堀尾1971、157頁）にあります。

　日本国憲法の精神に則って1947年に制定された教育基本法は、第1条において「人格の完成」を教育の目的に掲げました。「人格の完成」の英訳は、"the full development of personality"であり、「全面的な発達」を意味します。このように、教育は、人間の諸能力の全面的な発達を保障するものとして位置づけ直されたのです。さらに、教育基本法は、「教育の目的は、あらゆる機会に、あらゆる場所において実現されなくてはならない」（第2条）と述べるとともに、「すべて国民は、ひとしく、その能力に応ずる教育を受ける機会を与えられなければならないものであつて、人種、信条、性別、社会的身分、経済的地位又は門地によつて、教育上差別されない」（第3条）と定め、教育の機会均等の実現が目指されることになりました。

　他方、1948年には、衆参両院にて「教育勅語」の神話的国体観や天皇主権の考え方は、日本国憲法に違反し、基本的人権を損なうとして、排除ならびに失効の決議がなされました。新しい時代の到来とともに、国民は自らの手によって「教育勅語」を破棄したのです。

⑵ 発達保障への道

　日本国憲法と教育基本法は、すべての国民に「教育を受ける権利」があると謳っています。しかしながら、実際には、そこから排除される人びとが存在しました。それは、障害のある子どもたちとその保護者たちです。

　1947年の学校教育法によって新たな義務教育制度が発足しましたが、重度知的障害や肢体不自由あるいは病弱の子どもたちを受け入れる学校は存在していませんでした。そのため、同法第23条の「就学猶予・免除」規定が悪用されて、障害の重い子どもたちは不就学を強要され、その保護者たちの就学義務は一方的に猶予・免除されてきたのです（白石2006、12-13頁）。さらに、1963年の人的能力開発政策における「教育における能力主義の徹底」(2)の方針の下で障害のある子どもたちへの差別は激化していきました。日本国憲法の理念に反して、高度経済成長に役立つか否かの観点から「能力」に応じて権利を奪うような政策が展開されていったのです（田中2003）。

　こうしたなかで、1960年代後半から障害のある子どもの不就学をなくし、権利としての教育を保障しようとする実践と運動が各地で取り組まれるようになります(3)。1970年には、「すべての子どもにひとしく教育を保障する学校をつくろう」「学校に子どもを合わせるのではなく、子どもに合った学校をつくろう」という基本理念を掲げて、京都府立与謝の海養護学校が開校しました（青木1997）。

　「どんなに障害が重くても発達する」「障害の有無にかかわりなく発達のみちすじは共通である」というように、障害がある子どもも発達するという経験的事実の積み重ねのなかで、「発達に上限はなく、教育に下限はない」ことが実証的に確かめられていきました（河合2018）。このように、障害をもつ人びとの教育権を実現していく実践と運動を通じて、発達保障の理念が形成されてきたのです（白石2006）。

　こうした取り組みに裏づけられて、日本国憲法第26条の「能力に応じて、ひとしく」の解釈についても、従来の能力主義的解釈を批判し、無差別平等の理念に立って障害をもつ人びとに対しても「教育を受ける権利」を実質的に保障するものとしてとらえ直されるようになりました。すなわち、「能力に応じて」の「応じて」とは、能力や人格の「発達に必要かつ適切な」という意味として解釈すべきことが明らかにされてきました（清水1975、137頁）。

---

(2) 1963年に出された経済審議会答申「経済発展における人的能力開発の課題と対策」は、高度経済成長のための経済計画の一環として「教育における能力主義の徹底」を求め、子どもたちを「能力」によって選別し、ハイタレント養成を図ろうとするものでした。
(3) 障害の重い子どもの場合、「治療と教育と保護」を求めると、行政によっては経済の「合理化」政策に反するといわれたり、「治療か、教育か、保護か」のいずれか一つをとるように迫られたり、劣等処遇の原則がまかり通っていました。

1979年になってようやく養護学校義務制の完全実施が実現します。権利としての教育を求める人びとの粘り強いたたかいが、障害をもつ子どもたちの発達保障へと道を拓いたのです。

(3) 学習権の思想

1985年には、ユネスコ国際成人教育会議において「学習権宣言」(資料1) が採択され、学習権がすべての人間の基本的権利であることが確認されました。

学習権は、基本的人権の一つであると同時に、平和的生存権や幸福追求権に連なる基底的権利であるといえます。学習権宣言が指摘するように、人間の発達において学習は不可

資料1　学習権宣言

> 学習権を承認するか否かは、人類にとって、これまでにもまして重要な課題となっている。
> 学習権とは、
> 　　読み書きの権利であり、
> 　　問い続け、深く考える権利であり、
> 　　想像し、創造する権利であり、
> 　　自分自身の世界を読みとり、歴史をつづる権利であり、
> 　　あらゆる教育の手だてを得る権利であり、
> 　　個人的・集団的力量を発達させる権利である。
> 成人教育パリ会議は、この権利の重要性を再確認する。
> 学習権は未来のためにとっておかれる文化的ぜいたく品ではない。
> それは、生き残るという問題が解決されてから生じる権利ではない。
> それは、基礎的な欲求が満たされたあとに行使されるようなものではない。
> 学習権は、人間の生存にとって不可欠な手段である。
> もし、世界の人々が、食料の生産やその他の基本的な人間の欲求が満たされることを望むならば、世界の人々は学習権をもたなければならない。
> もし、女性も男性も、より健康な生活を営もうとするなら、彼らは学習権をもたなければならない。
> もし、わたしたちが戦争を避けようとするなら、平和に生きることを学び、お互いに理解し合うことを学ばねばならない。
> "学習"こそはキーワードである。
> 学習権なくしては、人間的発達はあり得ない。
> 学習権なくしては、農業や工業の躍進も地域の健康の増進もなく、そして、さらに学習条件の改善もないであろう。
> この権利なしには、都市や農村で働く人たちの生活水準の向上もないであろう。
> しかし、学習権はたんなる経済発展の手段ではない。それは基本的権利の一つとしてとらえられなければならない。学習活動はあらゆる教育活動の中心に位置づけられ、人々を、なりゆきまかせの客体から、自らの歴史をつくる主体にかえていくものである。
> それは基本的人権の一つであり、その正当性は普遍的である。学習権は、人類の一部のものに限定されてはならない。すなわち、男性や工業国や有産階級や、学校教育を受けられる幸運な若者たちだけの、排他的特権であってはならない。

欠な要素であり、その学習可能性の大きさこそが人間を人間たらしめているのです。今日では、生涯にわたる学習権保障が国際社会における共通認識となり、一人ひとりの学習権保障として生涯学習が構想されるようになりました。

堀尾輝久は、学習権は「教育を受ける権利」と等価ではないといいます。すなわち、学習権は、教育を受ける権利を含んでいますが、それは「受動的に教育を受ける権利ではなく、発達にふさわしい学習と結びつく教育を求める権利」であって、「現実の教育が、必ずしも人間の存在にとって本質的なものとはなりえていない実状においては、学習権は与えられた教育を選び、ときにこれを拒否することのできる権利」であると述べています（堀尾1989、105・142頁）。つまり、学校における教育そのものが、子どもの発達と学習の権利を保障するのにふさわしいものとなっているか否かが問われなくてはならないのです。

(4) 子どもの権利条約

さらに、1989年には、国際連合において「子どもの権利に関する条約」（子どもの権利条約）が全会一致で採択されました。子どもの権利条約は、子どもを保護の客体から権利行使の主体へと転換させました。

子どもの権利条約は、18歳未満のすべての者を「子ども」と定義（第1条）し、あらゆる差別の禁止（第2条）、子どもの「最善の利益」の確保（第3条）、生命・生存および発達への権利（第6条）、子どもの意見の尊重（第12条）を一般原則としています。

とくに、第12条において「締約国は、自己の見解をまとめる力のある子どもに対して、その子どもに影響を与えるすべての事柄について自由に自己の見解を表明する権利を保障する。その際、子どもの見解が、その年齢および成熟に従い、正当に重視される」[4]と子どもの意見表明権を保障した点に意義があります。

子どもの権利条約を批准した国や政府は、子どもの権利を実現するためにあらゆる適当な立法上ならびに行政上その他の措置をはかる責務があります。日本は1994年に同条約を批准しました。したがって、今日では、日本国憲法と合わせて子どもの権利条約の理念を具体化していくことが重要な課題になっています。

4. 学校の可能性と今日的課題

すでに述べてきたように、近代公教育制度は強力な国家的および社会的要請を受けて成

---

[4] 本書では、国際教育法研究会訳を採用しています。

資料2　不登校の子どもの権利宣言

前文
　私たち子どもはひとりひとりが個性を持った人間です。
　しかし、不登校をしている私たちの多くが、学校に行くことが当たり前という社会の価値観の中で、私たちの悩みや思いを、十分に理解できない人たちから心無い言葉を言われ、傷つけられることを経験しています。
　不登校の私たちの権利を伝えるため、すべてのおとなたちに向けて私たちは声をあげます。
　おとなたち、特に保護者や教師は、子どもの声に耳を傾け、私たちの考えや個々の価値観と、子どもの最善の利益を尊重してください。そして共に生きやすい社会をつくっていきませんか。
　多くの不登校の子どもや、苦しみながら学校に行き続けている子どもが、一人でも自身に合った生き方や学び方を選べる世の中になるように、今日この大会で次のことを宣言します。

一、教育への権利
　私たちには、教育への権利がある。学校へ行く・行かないを自身で決める権利がある。義務教育とは、国や保護者が、すべての子どもに教育を受けられるようにする義務である。子どもが学校に行くことは義務ではない。

二、学ぶ権利
　私たちには、学びたいことを自身に合った方法で学ぶ権利がある。学びとは、私たちの意思で知ることであり他者から強制されるものではない。私たちは、生きていく中で多くのことを学んでいる。

三、学び・育ちのあり方を選ぶ権利
　私たちには、学校、フリースクール、フリースペース、ホームエデュケーション（家で過ごし・学ぶ）など、どのように学び・育つかを選ぶ権利がある。おとなは、学校に行くことが当たり前だという考えを子どもに押し付けないでほしい。

四、安心して休む権利
　私たちには、安心して休む権利がある。おとなは、学校やそのほかの通うべきとされたところに、本人の気持ちに反して行かせるのではなく、家などの安心できる環境で、ゆっくり過ごすことを保障してほしい。

五、ありのままに生きる権利
　私たちは、ひとりひとり違う人間である。おとなは子どもに対して競争に追いたてたり、比較して優劣をつけてはならない。歩む速度や歩む道は自身で決める。

六、差別を受けない権利
　不登校、障がい、成績、能力、年齢、性別、性格、容姿、国籍、家庭事情などを理由とする差別をしてはならない。

　立してきました。学校は、家庭や地域社会に代わる教育機関として、その役割を増大させてきましたが、学校が教育を独占するにつれ、人間に本来備わっている学習の自主性や主体性が削がれ、子どもは学習の主体から教育の客体へと位置づけられてしまいました。資本主義社会における学校は、社会統制の手段として機能するとともに、子どもたちを能力主義的に選別する役割を果たしています。学校は、選別のために子どもたちに競争を強いており、この歴史的性格は現代でも変わっていません。むしろより強化しているといえるでしょう。

　しかし他方で、このような学校の欺瞞的性格を批判し、学習の主体である子どもから出発して、教育や学校のあり方をとらえなおそうとする思想と実践が多彩に展開されるよう

例えばおとなは、不登校の子どもと遊ぶと自分の子どもまでもが不登校になるという偏見から、子ども同士の関係に制限を付けないでほしい。
七、公的な費用による保障を受ける権利
　学校外の学び・育ちを選んだ私たちにも、学校に行っている子どもと同じように公的な費用による保障を受ける権利がある。
　例えば、フリースクール・フリースペースに所属している、小・中学生と高校生は通学定期券が保障されているが、高校に在籍していない子どもたちには保障されていない。すべての子どもが平等に公的費用を受けられる社会にしてほしい。
八、暴力から守られ安心して育つ権利
　私たちには、不登校を理由にした暴力から守られ、安心して育つ権利がある。おとなは、子どもに対し体罰、虐待、暴力的な入所・入院などのあらゆる暴力をしてはならない。
九、プライバシーの権利
　おとなは私たちのプライバシーを侵害してはならない。
　例えば、学校に行くよう説得するために、教師が家に勝手に押しかけてくることや、時間に関係なく何度も電話をかけてくること、親が教師に家での様子を話すこともプライバシーの侵害である。私たち自身に関することは、必ず意見を聞いてほしい。
十、対等な人格として認められる権利
　学校や社会、生活の中で子どもの権利が活かされるように、おとなは私たちを対等な人格として認め、いっしょに考えなければならない。子どもが自身の考えや気持ちをありのままに伝えることができる関係、環境が必要である。
十一、不登校をしている私たちの生き方の権利
　おとなは、不登校をしている私たちの生き方を認めてほしい。私たちと向き合うことから不登校を理解してほしい。それなしに、私たちの幸せはうまれない。
十二、他者の権利の尊重
　私たちは、他者の権利や自由も尊重します。
十三、子どもの権利を知る権利
　私たちには、子どもの権利を知る権利がある。国やおとなは子どもに対し、子どもの権利を知る機会を保障しなければならない。子どもの権利が守られているかどうかは、子ども自身が決める。

二〇〇九年八月二十三日
全国子ども交流合宿「ぱおぱお」参加者一同

になってきました。脱学校論を唱えたイヴァン・イリイチやパウロ・フレイレ(5)の「課題提起型教育」(6)に代表されるように、1970年代以降、既存の学校教育を乗り越えようとする試みが広がりをみせています。こうした動向は、子どもの権利の拡充に裏づけられて、より一層発展しつつあります。

---

(5) オーストリアの哲学者イヴァン・イリイチは、『脱学校の社会』(1970)において、「学校化」社会を批判し、学校制度の代わりに自由で協同的な学習のための新しいネットワークを構築することを提唱しました。
(6) ブラジルの教育学者パウロ・フレイレは、『被抑圧者の教育学』(1970)において、既存の学校教育は非人間化をもたらす「銀行型教育」であると批判し、対話を軸とした「課題提起型教育」を提唱しています。

日本でも、1980年代半ばから不登校の子どもたちの居場所としてフリースクールが普及し始めました。1985年に学校外の学び・交流の場として開設された「東京シューレ」は、その草分け的存在です。フリースクールに通う子どもたちは、子どもの権利条約に触発されて、2009年に「不登校の子どもの権利宣言」(資料2)をまとめています。

　この権利宣言にみるように、子どもの学習権を保障するための学びのあり方は、学校だけに限定されるべきものではありません。フリースクールやフリースペース、ホームエデュケーションなど、子どもにあった多様な教育の機会が保障されてもよいはずです。

　実は、日本国憲法第26条第2項は、「普通教育を受けさせる義務」を保護者に課しているのであって、「学校教育」を受けさせるとは述べていません。問題は、戦後、学校教育法において「普通教育」をいわゆる「学校」(一条校)(7)に限定してきた点にあるのです。

　子どもたちに多様な学びを保障してほしいというねがいは、2016年12月7日、「義務教育の段階における普通教育に相当する教育の機会の確保等に関する法律」(以下、「教育機会確保法」)に結実しました。同法律をめぐっては、批判的見解や懸念もありますが、学校外における普通教育の機会確保に風穴を開けた点は評価することができます(喜多2017)(8)。もちろん、現在の学校自体が子ども一人ひとりを尊重し、誰もが安心して通うことのできる学び場となるよう、子どものための学校に創り変えていくことが同時に追求されなくてはならないことはいうまでもありません。

　学校が、子どもたちの可能性を開花させる場となるか、それとも「命を削る」場となるかは、教師をはじめとするおとなの肩にかかっています。学校の既存のシステムを子どもの権利や学習権保障の観点から見直し、子どもの意見に耳を傾けながら子どもとともに創りかえていく自覚的な担い手になれるか否か、教育者自身が教育されなければならない秋(とき)です。

---

(7) 学校教育法第一条において「学校とは、幼稚園、小学校、中学校、義務教育学校、高等学校、中等教育学校、特別支援学校、大学及び高等専門学校とする」と定められています。このように、学校教育法第一条に定義される教育施設を「一条校」と呼びます。
(8) 同法律に対しては不登校関係者の間でも賛否が分かれています。反対する立場からは、学校復帰を前提にしている点が子どもと親を追いつめかねないという懸念が示され、「児童生徒の意思を十分に尊重して支援が行われるよう配慮すること」など付帯決議がつきました。

引用・参考文献
青木嗣夫『未来をひらく教育と福祉―地域に発達保障のネットワークを築く』文理閣、1997年
エンゲルス／浜林正夫訳『イギリスにおける労働者階級の状態』上下、新日本出版社、2000年
尾山奈々著・保坂展人編『花を飾ってくださるのなら―奈々十五歳の遺書』講談社、1986年

苅谷剛彦『階層化日本と教育危機―不平等再生産から意欲格差社会へ』有信堂、2001年
川口洋誉・中山弘之編著『【改訂版】未来を創る教育制度論』北樹出版、2014年
河合隆平『発達保障への道――歴史をつなぐ、社会をつくる』全障研出版部、2018年
喜多明人「不登校の子どものための教育機会確保法―その読み方」フリースクール全国ネットワーク・多様な学び保障法を実現する会編『教育機会確保法の誕生 子どもが安心して学び育つ』東京シューレ出版、2017年
久冨善之『競争の教育』労働旬報社、1993年
厚生労働省自殺対策推進室警察庁生活安全局生活安全企画課「平成29年中における自殺の状況」2018年3月16日
清水寛「わが国における障害児の「教育を受ける権利」の歴史」清水寛・三島敏男編『障害児の教育権保障』明治図書、1975年
白石正久『発達をはぐくむ目と心―発達保障のための12章』全障研出版部、2006年
髙橋陽一「教育勅語の構造と解釈」教育史学会編『教育勅語の何が問題か』岩波ブックレット、No.974、2017年
滝川一廣『学校へ行く意味・休み意味 不登校ってなんだろう？』日本図書センター、2012年
竹内章郎『弱者の哲学』大月書店、1993年
田中昌人『障害のある人びとと創る人間教育』大月書店、2003年
永井憲一・寺脇隆夫・喜多明人・荒牧重人編『[新解説]子どもの権利条約』日本評論社、2000年
堀尾輝久『教育入門』岩波新書、1989年
堀尾輝久『現代教育の思想と構造』岩波書店、1971年
藤田英典・田中孝彦・寺崎弘昭『子どもと教育 教育学入門』岩波書店、1997年
文部科学省初等中等教育局児童生徒課『平成28年度「児童生徒の問題行動・不登校等生徒指導上の諸課題に関する調査」（速報値）について』2017年10月26日
柳治男『〈学級〉の歴史学 自明視された空間を疑う』講談社、2005年
吉川徹・中村高康『学歴・競争・人生――10代のいま知っておくべきこと』日本図書センター、2012年
NPO法人フリースクール全国ネットワーク「不登校の子どもの権利宣言」（http://freeschoolnetwork.jp/archive：2018年8月31日確認）

学びを深めるための図書案内

堀尾輝久『現代教育の思想と構造』岩波書店、1971年
パウロ・フレイレ著／三砂ちづる訳『被抑圧者の教育学―新訳』亜紀書房、2011年
日本弁護士連合会子どもの権利委員会『子どもの権利ガイドブック【第2版】』明石書店、2017年

学習課題

- 戦前から戦後において義務教育の意味がどのように転換したのか整理した上で、現代日本の義務教育制度の課題について話し合いましょう。
- 子どもの権利条約を読み、子どもの権利の観点から現代日本の教育の問題点を考察しましょう。

（杉浦由香里）

コラム

外国人やマイノリティの子どもの権利保障

　子どもの権利条約第2条は差別の禁止と日本国内における外国人およびマイノリティの子どもへの権利保障を謳っています。ところが、日本における外国人の子どもの権利は、十分に保障されていないばかりか、差別的対応がなされています。日本には、約200の外国人学校がありますが、その大半が各種学校に位置づけられており、正式な学校として認められていません。

　外国人学校の中でも歴史が古く、多くの比重を占めているのが朝鮮学校です。しかし、日本政府は、外交的・政治的理由から朝鮮学校を特別に敵対視し、そこに通う子どもたちの「教育を受ける権利」をないがしろに扱ってきました。例えば、朝鮮学校だけを「高校無償化」の対象から排除したり、朝鮮学校に対する寄付金には税制上の優遇措置を適用しなかったり、朝鮮学校卒業者には国立大学入学（受験）資格を認めず各大学の個別認定に委ねるなど、差別的措置がとられています。日本政府の姿勢を反映してか、1990年代以降、在日朝鮮人への差別意識から朝鮮学校児童生徒へ危害を加える事件も頻発しています。

　朝鮮学校とはどんな学校なのでしょうか。朝鮮学校とは、「日本で暮らす朝鮮民族の子どもたちを対象にし、朝鮮語を授業用語とし、在日朝鮮人によって各教育段階の普通教育や一般教育が実施されている学校」です（朴三石『教育を受ける権利と朝鮮学校―高校無償化問題から見えてきたこと』日本評論社、2011年、10頁）。朝鮮学校は、「北朝鮮学校」と誤解されることがありますが、「朝鮮」とは民族の総称を意味する朝鮮民族学校の略称です。日本の植民地支配によって民族性を奪われ同化教育を強いられてきた在日朝鮮人の人びとが、解放後に自らの言葉を取り戻そうと設立した「国語講習所」が朝鮮学校の出発点です。日本政府による弾圧を受けながらも、在日朝鮮人の子どもたちに、朝鮮語や朝鮮の歴史と文化を教え、朝鮮民族としてのアイデンティティと誇りを培うための民族教育を行ってきました。

　ところで、戦前より日本に住んでいた在日朝鮮人とその子孫をオールドカマーと呼ぶのに対し、1989年の入管法改正以降に増加した滞日外国人はニューカマーと呼ばれます。中国人やブラジル人、フィリピン人、ベトナム人が大多数を占め、多国籍化が進んでいます。近年では、こうしたニューカマーの子どもたちの不就学も問題になっています。外国人の不就学は日本社会の構造的な問題に起因しています。すなわち、外国人の場合、日本の学校へ「就学義務はない」とされ、日本の学校への就学は「権利」ではなく「恩恵」とみなされていることに由来します（佐久間孝生『外国人の子どもの不就学―異文化に開かれた教育とは』勁草書房、2006年）。このように、「恩恵」とみなす観念が、民族教育の軽視または否定と同化教育の強調へとつながっています。在日朝鮮人の教育に対する差別的取り扱いが、ニューカマーの子どもたちへの政策にも通底しているのです。

　外国人の子どもの不就学を放置したり、同化教育を前提に民族教育を軽視または否定したりするのは、外国人およびマイノリティの子どもの教育を受ける権利および学習権の侵害にほかなりません。すべての子どもたちが教育を受ける権利を享受できる社会を実現していくことが必要です。

〈参考図書〉『朝鮮学校物語』日本版編集委員会『朝鮮学校物語―あなたのとなりの「もうひとつの学校」』花伝社、2015年。

（杉浦由香里）

第7章
多様な教育的ニーズから創造する教育

Keywords: 教育的ニーズ、特別支援教育、子どもの貧困、社会的排除

第7章で学ぶこと

　「世界人権宣言」(1948年／第3回国連総会) や「子どもの権利条約」(1989年／第44回国連総会) の採択、「万人のための教育」の提唱 (1990年／万人のための教育世界会議)、「持続可能な開発目標 (Sustainable Development Goals：SDGs)」(2015年／国連サミット) の採択などにも見られるように、教育活動において、すべての子どもたちの学ぶ権利を保障し、自己実現に向けた支援を行うことは重要かつ根本的な課題の一つです。本章では、「教育的ニーズ」に焦点をあてて、学校教育を通してこうした課題に応えていくための教育のあり方を探ります。「教育的ニーズ」には決まった一つの定義があるわけではありませんが、本章ではこの用語を、「サラマンカ声明」や高倉 (2015) などを参考に、障害の有無に加えて、社会的要因、経済的要因、文化的要因なども含む多様な環境的側面を背景として学習や生活において困難を感じる子どもたちが、学習や生活に主体的に取り組むことができるようになるために必要な教育的支援の必要性という意味で使用します。そのうえで、子どもたちが抱え得る多様な教育的ニーズの概要ならびに関連する議論の内容を概観するとともに、そうした教育的ニーズにどのように応え、どのような教育活動を創造することができるのか、また、その際にどのような点に留意する必要があるのかを考えていきましょう。

1.「特別支援教育」の概要と取り組みの際の留意点

　「21世紀の特殊教育の在り方に関する調査研究協力者会議」による2001年1月の「21世紀の特殊教育の在り方について～一人一人のニーズに応じた特別な支援の在り方について～（最終報告）」や「特別支援教育の推進に関する調査研究協力者会議」による2003年3月の「今後の特別支援教育の在り方について（最終報告）」、2006年6月の「学校教育法等の一部を改正する法律」の公布などを経て、2007年4月より、それまでの「特殊教育」に替わって「特別支援教育」が開始されることとなりました。

　特殊教育では、障害の種類や程度に応じて特別な場（盲・聾・養護学校や特殊学級）で指導を行うことによって、手厚くきめ細かい教育を行うことに重点が置かれてきました。一方、特別支援教育とは、障害のある子ども一人ひとりの教育的ニーズを把握し、その持てる力を高め、生活や学習上の困難を改善または克服するために、適切な指導および必要な支援を行うものです（中央教育審議会2005、5頁）。特別支援教育の開始に伴い、通常学級を含むすべての教育の場において子どもの教育的ニーズに応じた指導や支援が行われることになったのです。そして、「特殊教育」において支援の対象とされてきた子どもたちだけでなく、LD（学習障害）、ADHD（注意欠陥／多動性障害）[1]、高機能自閉症[2]等の子どもたちもまた、支援の対象とされるようになりました。[3]

　特別支援教育を進める際の留意点は多岐に渡りますし、何よりも、対象とする子どもの実態に合わせて取り組みを進めることが重要です。こうした点を念頭に置きつつ、ここでは特に、次の3点を確認しておきましょう。

　1点目は、対象となる子ども一人ひとりと丁寧に向き合い、それぞれが抱える教育的ニーズを把握しながら取り組みを進めることです。そのためにはまず、教師一人ひとりが特別支援教育や教育的ニーズに対する理解を深め、個々の子どもの実態を捉える力量を高めることが必要です。また、複数の教師や教師以外の専門家が協働して子どもの実態の把握や

---

(1) 制度の変更に伴い、盲・聾・養護学校は「特別支援学校」へと改称されました。なお、特殊教育が進められていた1993年に開始された「通級による指導」は、特別支援教育に変更された後も継続されています。
(2) 特殊教育において支援の対象とされたのは、特殊学校や特殊学級に籍を置く、「障害」を持つと認定された障害児のみでした。また、その対象となる障害は、「視覚障害」「聴覚障害」「知的障害」「肢体不自由」「病弱」「言語障害」「情緒障害」とされていました。
(3) 現在では、高機能自閉症を自閉症やアスペルガー症候群との連続体として見なす「自閉症スペクトラム」の用語が使われることも多くなってきています。

取り組みの方向性を探るとともに、その結果をふまえて「個別の指導計画」「個別の教育支援計画」の作成と活用につなげることも肝要です。これにより、より効果的で継続的な支援を行うことが可能となるためです。その際にはもちろん、子どもや保護者と学校や教師との信頼関係を構築し、十分に意思疎通を図りながら進めることも求められます。

2点目は、参加しやすい授業や学級のあり方を検討することや、子ども一人ひとりが主役になれる授業づくりおよび学級づくりを行うことです。長時間じっと座って教師の話を聞き続けたり他者と同じペースで課題に取り組むことは苦手な子どもが、身体を動かしながら取り組む課題や短時間で行える課題に取り組む際には高い集中力を発揮することもあります。また、自身の得意分野において、クラスの中心となって学習をリードできる場合もあります。こうした経験を積み重ねることによって、自尊感情の向上や学力の形成、豊かな人間関係の構築などを促すことが求められます。

3点目は、子どもたちの持つ教育的ニーズに対応するための支援体制の整備です。この点については、たとえば、「同じ場で共に学ぶことを追求するとともに、個別の教育的ニーズのある幼児児童生徒に対して、自立と社会参加を見据えて、その時点で教育的ニーズに最も的確に応える指導を提供できる、多様で柔軟な仕組みを整備すること」や、「小・中学校における通常の学級、通級による指導、特別支援学級、特別支援学校といった、連続性のある『多様な学びの場』を用意しておくこと」(中央教育審議会初等中等教育分科会2012)の重要性や必要性が示されています。また、医師、ソーシャルワーカー、発達相談員など、学校外の専門家との連携を密にすることや、幼稚園・保育所と小学校、小学校と中学校、中学校と高等学校など、校種間の連携を密にすることによって情報を共有し、長期に渡る一貫した対応を行えるようにすることなども重要です(4)。

なお、子どもが抱える教育的ニーズの起因するところは、障害以外にも、言語的背景や文化的背景、「才能児」と呼ばれる子どもたちの特性、経済的な貧困や社会的な要因など多様です。次節では、特に子どもを取り巻く環境に焦点をあてて、その実際や支援の具体像を見ていきましょう。

(木村)

2. 子ども・青年たちの生きる世界

まず、近年の子ども・青年を取り巻く状況を押さえておきたいと思います。

---

(4) そのためには、たとえば、特別支援教育コーディネーターを中心として学校全体で子どもたちのニーズに応えていけるようにするための体制づくりや、「個別の教育支援計画」「個別の指導計画」の作成と実践への活用を促すための体制づくりなども重要です。

いま、日本において、貧困世帯に暮らす子どもは13.9%にのぼるといわれます（厚生労働省2017）。これは、40人学級で5～6人の子どもが貧困状態にある計算になります。貧困といっても、その見え方は複雑です。学校や子どもにかかわるお金は何とか優先的に工面しようとする保護者も多く、一見貧困世帯だとは気づかない場合も少なくありません。また、子どもたちの「工夫」によって貧困が見えづらくなっていることもあります。何度注意しても上履きのかかとを踏むのをやめない生徒によくよく話を聞いてみると、サイズの小さい上履きを買い替えられず履き続けていた、というのは実際にあった話です。

　同時に、「給食が唯一の栄養源」「修学旅行代が支払えない」などの深刻な貧困の状況も広がっています（さいき2015）。定時制高校や偏差値低位校には特に貧困・低所得世帯が多く、学費や交通費を支払えないために退学していく生徒も少なくないといいます（青砥2009）。また、家計を支える担い手の一人として長時間のアルバイトを行っている生徒も多く存在しています。

　さらに、貧困は単なる経済的な問題に留まりません。子どもにとって、不安定な経済状況は「先の見えない不安」につながります。自由な夢や将来像を描くことが妨げられるなかで将来に「天井感」をもつようになったり（盛満2011）、「自身と頼れない家族に対して無力感を持つ」ようになったりする（小西2003、107頁）ことが報告されています。また、交友関係の維持には、友だちと同じ持ち物をそろえたり、ファストフードで一緒に買い食いをしたりと、様々な場面でお金がかかります。金銭工面の難しさから遊びの約束を断っていくうちに、いつの間にか交友関係から孤立していたということも生じうるのです。実際、貧困という家庭事情を知られたくないと思うあまり、自ら友人との距離を取っていくうちに不登校になっていたというケースもあります。金銭的・物品的な資源の不足をきっかけに、徐々に他者関係が希薄になり、社会の周縁に追いやられていくことは、「社会的排除」として近年問題視されています（阿部2011）。

　他にも、疾患・障害のある家族や幼いきょうだいなどのケアやサポートに責任を負っていたり(5)、家庭内不和やDV・虐待等にさらされている子どもたちもいます。近年では、家庭や学校での居場所やつながりを失うなかで、衣食住や「居場所」を巧みに提供するJK産業（女子高生であることを売りにした客商売やそのサービス）に取り込まれ、性被害に直面している女子高生の存在も指摘されています（仁藤2014）。

　このように、子どもたちは多様で、時に困難な生活世界をそれぞれ生き抜いています。そして、それを背負って学校にやってくるのだとすれば、教師には、個人の能力や特性だ

---

(5)「ヤングケアラー」と呼ばれ、徐々に注目が集まっています（澁谷2018）。

けでなく、かれらが生きる世界＝環境にも目を向け、かれらの姿とそこにある教育的ニーズを捉えていくことが求められるでしょう。

(原)

3. 多様な教育的ニーズを捉え応えるために

ここで、具体的な事例から、子どもたちの教育的ニーズをどのように捉えられるか考えてみましょう。

> 中学2年生のAくんは、遅刻の目立つ生徒でした。授業中はぼーっとしていることが多く、板書も写さず、居眠りをしていることもあります。宿題はほとんどやってきません。なぜ宿題をやってこないのかと尋ねても、押し黙るばかり。「次はやってくる」と約束しても、提出されないままのこともしばしばでした。一方で、好きな音楽の授業には意欲的に参加しているようです。ある先生からは、「Aくんには怠け癖がついている。厳しく指導しないと、後々困るのはAくんだ」という意見が出てきました。

みなさんは、Aくんの行動をどのように感じますか。「怠けている」と断定する前に、彼の教育的ニーズがどこにあるのか、想像をめぐらせてみてください。

「板書を写さない」こと一つとってみても、多様な要因や状況が考えられます。例えば、視力の低下によって黒板の字がよく見えないのかもしれません（経済的事情から眼鏡を買うことのできない生徒も存在します）。あるいは、学習障害の一つである書字障害（書くことの困難）という可能性も考えられなくはないでしょう。もしそうならば、板書の字を大きくしたり、音声入力のできる情報機器を活用したりといった教育的配慮によって、彼は授業に参加しやすくなるかもしれません。あるいは、基本的なところでつまずいたまま学習内容に興味を持てないでいるのならば、それを補う個別的な働きかけも必要です。

他方で、先に見たような貧困の広がりを踏まえれば、板書を写すためのノートや筆記具がないということも考えられます。あるいは、遅くまで働く親の帰りを待つがゆえに寝るのが遅くなり、遅刻や居眠りを繰り返してしまうということもあるでしょう。宿題をしようにも、自分の部屋を持たなかったり、家に帰ると家事や幼いきょうだいの面倒に追われていたりすれば、宿題のできる環境が十分に整っていないことになります。このような状況においては、本人への個別的なサポートだけでなく、他の専門職（たとえばスクールソーシャルワーカーなど）や保護者との連携も視野に入れて、Aくんの生活全体を支えていく視点が必要になります。

以上からは、ある一つの行動を取ってみても、そこに潜む教育的ニーズは多様に存在しうることがわかります。子どもたちの教育的ニーズを捉えそれに応えていく際の要点を、三つの観点からまとめておきましょう。

　第一に、目の前の子ども・青年の言動から教育的ニーズを捉える際には、障害や発達特性を含む個人の特性や能力への視点とともに、当人をとりまく生活環境にも注目しながら、多角的に捉えようとすることが重要です。そのためには、知識を土台とした想像力が欠かせません。先に見た、貧困や虐待などにかかわる情報や、発達障害や発達特性に関する知識などを豊富に備えておくことが、それぞれの子どもの行動や姿の背景を推し量るうえで役立ちます。教師が想像を働かせながら、その子のことをもっと知りたい・かかわりたいという思いをもって行動の理由や背景を考えるとき、広い視野から教育的ニーズを捉え、それに応える教育方途を考えることができるのです。

　第二に、子どもたちの行動を、安易に意欲の問題に還元しないことも重要です。かれらはそれぞれの生活世界を生きています。学校以外の環境が、学校生活を支え後押ししてくれるものであれば、学校生活に思う存分のエネルギーを費やせるかもしれません。しかし、そのような環境が整っている子どもばかりではありません。貧困を始めとする様々な状況のもとで、学校生活や自分自身のことすら後回しになってしまう子どもたちが実際にいるのです。そのことへの理解や配慮なしに、Ａくんの行動を「甘え」や「怠け癖」といったかたちで捉えていても、状況は変わらないままでしょう。また、発達特性上、当人にとって難しい事柄を意欲の問題に還元することは、本人の自己否定感を強め二次障害へとつながっていく危険性をもちます。

　個人の意欲・やる気に問題を還元し、「頑張れ」というのは簡単です。しかし、すでに十分頑張っている人、あるいは頑張れる条件や環境がない人に対しての「頑張れ」という言葉がけは、時に本人を追い込む言葉にもなります。また、頑張ることによって何かを認められた経験を持たなかったり、日々頑張っても好転しない生活を痛感していたりする場合は、頑張ることの意味を実感できないということもあるでしょう。本人の「やる気のなさ」を問題にするのではなく、なぜ当人ができないでいるのか、あるいは、なぜ「やる気」を持てないでいるのかの背景に思いをめぐらすことが、かれらの教育的ニーズを捉えることにつながるのではないでしょうか。

　そして、第三に、もっとも重要となるのは、子ども・青年自身がどのような思いをもち、どのように生きたいと願っているのか、そこに耳を傾け続けることです。Ａくんが宿題を「次はやってくる」と約束するのは、その場では「やろう」という気持ちになるからかもしれません。しかしいざ家に帰ってみるとなかなかできない状況にＡくん自身がもどか

しさを感じているのだとすれば、Aくんの「やろう」という前向きな思いを励まし支えることが重要です。「怠けている」という認識を前提にした「厳しい指導」からは、そうしたかかわりは生まれにくいでしょう。

　また、音楽の授業には意欲的に参加しているというAくんの姿には、彼の潜在的な欲求が見え隠れします。家事やきょうだいの面倒などの家庭生活が大きな比重を占め、自分のことが後回しになってしまいがちなのだとすれば、音楽の授業はAくんが自分事として思う存分楽しめる時間であり、そうした機会を欲しているとも考えられます。「好きなことだけやっている」と批判的に捉えるのではなく、Aくんが自分自身を大事にできる機会として肯定的に捉え、そうした機会や場を支え広げていく視点も重要ではないでしょうか。私たちはともすれば学校の規律やルールにとらわれ、そこから外れるあり方をネガティブに捉えがちです。教師自らがもつ固定観念を常にふりかえり、再形成し続けながら、子ども・青年の思いを汲み取っていくことが求められているのです。

　以上のように見てくると、多様な教育的ニーズを捉えそれに応える教育とは、子ども・青年がどのような特性を持ちながら、どのような世界の只中を生きているのかを捉え、そのなかで他ならぬかれら自身がどのようにしたい・生きたいと思っているのか、その意思を汲み取りながら、それに応答していく教育と言えるかもしれません。それは、生徒たちの「問題行動」に向き合うなかではきわめて重要な視点になります。例えば、深夜徘徊やその仲間内での飲酒・喫煙といった「不良行為」も、家庭内不和などで家に居場所がないと感じている者たちがその環境を生き抜く中で辿りついたものかもしれません。「問題」とされる行動のみにフォーカスするのではなく、生活全体からその行動を捉え、そこに潜む思い＝ニーズを汲みとり、応答していくことが必要です。

　しかし、そうした文脈を一切無視して一律に厳しい指導を行うことを推奨するあり方も、近年出てきています。アメリカで提唱され、日本にも輸入・展開されつつある「ゼロトレランス」です。そこでは、個々の子どもがその行為をとるに至った個別事情（文脈や動機など）を一切考慮することなく、軽微なものを含む非違行為すべてについて、重い罰を例外なく適用すべきと考えられています。子どもの「行動」だけに注目し厳罰に処すあり方によって、子どもたちは人格の全面否定にさらされ、その成長発達に大きなダメージを受けることが指摘されています（世取山2017）。つい感情的に捉えがちな目の前の子どもの行動にのみ焦点化することなく、その背景にある一人ひとりの発達特性や生活、そしてかれらの思いに目を凝らすことこそが、多様な教育的ニーズに応える教育の第一歩なのではないでしょうか。

（原）

4. 多様な教育的ニーズに応え、多様性を生かす学校づくり

　ここまでに見てきたように、子どもたちは多様な教育的ニーズを抱えています。そして教師には、個々の子どもの抱える教育的ニーズや特性、生活環境などの内実や原因、子どもの意思や欲求などを丁寧に把握するとともに、必要に応じて学校外の専門機関や専門家とも連携を図りながら支援を進めていくことが求められます。本節では最後に、多様な教育的ニーズを持つ子どもたちが、多様な大人たちとともに学び、生活することを可能にする学校という場のあり方について考えていきましょう。

　学校教育の場においては、教科書などに示されている内容や教師が意図的・明示的に子どもたちに伝えるもの（「顕在的カリキュラム」と呼ばれます）だけでなく、教師の立ち居振る舞いや暗黙のルールなどの無意図的なもの（「隠れたカリキュラム」と呼ばれます）もまた、子どもの人間形成に大きな影響を与えます。たとえば、教師が「お互いの意見を伝え合い、よく聞き合いながら、みんなで楽しいクラスをつくりましょう」と明示的に伝える（顕在的カリキュラム）一方で、実際のクラスづくりに関しては（無意識的にであっても）特定の子どもの意見を多く取り上げたり、教師の考えに近い意見を尊重したりしていると、子どもたちは「クラスのリーダーや先生の考えに近い意見を持っている人が大切にされやすい」ということを学んだり、それに沿ったふるまいを身につけたりすることがあります（隠れたカリキュラム）。そのため、多様なニーズに応え、多様性を生かした学校づくりを進めるためには、学校全体の風土づくりや体制づくりにも十分に留意することが必要です（たとえば、伊井2015なども参照）。そのための取り組みの方向性を、以下の二つの視点から考えてみましょう。

　一つ目は、多様性を認め合い、生かすことを経験できる機会を保障することです。具体的には、子どもたち一人ひとりがお互いの長所や能力を発揮したり認識したりすることができる多様な取り組みに関わったり、クラスや学校の運営に関する様々な取り組み（学級会・ホームルームや児童会・生徒会、委員会活動、授業など）に関わったりすることを通して、その意思決定に参画する機会を授業内外に設定することが挙げられます。これにより子どもたちが、他者の長所を受け入れながらよりよい方向性を探ることの意味や意義を実感したり、具体的な取り組み方法を学んだりすることが期待されます。

　二つ目は、組織の運営体制自体を、互いの意見を丁寧に受けとめ、議論を行いながら合意形成を図ることのできるものにしていくことです。職員会議や学校運営協議会などを多様性を生かすものとして運営していくことは学校の風土の形成に影響を与えますし、そこ

で形成される教職員の人間関係や立ち居振る舞いは、子どもたちにも伝わっていきます。また、学校外の多様な人々と子どもたちや教職員が関わる機会が増えることは、学校教育をより多様な価値観を包摂するものとして形成することにつながるでしょう。

　これは、学校教育を充実させることにつながるのみではありません。学校でこうした経験を積んだ（あるいは、積みつつある）子どもたちが地域の大人とともに地域づくりに参画するという取り組みに展開することもあります。また、そうした子どもたちが将来の社会づくりの中核になっていくことを念頭に置けば、学校を拠点とする地域づくりやより大きな社会づくりの展開につながることも期待されます。

　教師が個々の子どもの抱える多様な教育的ニーズを把握して寄り添うことは重要です。ただし、それだけではなく、子どもが教師や教師以外の大人とともによりよい生活や社会を創っていくための力を高めることも大切です。これにより、学校教育の場にとどまることなく、社会全体ですべての子どもたちの学ぶ権利を保障し、自己実現に向けた支援を行うことが可能になるのではないでしょうか。そのためにも、現在ならびに未来の社会づくりの重要な拠点としての機能を持つ場として学校を捉え、そうした機能を充分に発揮できるような学校教育を創造していくことが重要です。多様な教育的ニーズに応える教育を「特別な取り組み」と捉えるのではなく、教育や学校の目的やあり方を根本から問い直す契機として捉え、実質的で効果的な取り組みを進めていくことが求められます。　　（木村）

引用・参考文献
青砥恭『ドキュメント高校中退―いま、貧困がうまれる場所』筑摩書房、2009年
阿部彩『弱者の居場所がない社会―貧困・格差と社会的包摂』講談社、2011年
伊井義人編著『多様性を活かす教育を考える七つのヒント―オーストラリア・カナダ・イギリス・シンガポールの教育事例から』共同文化社、2015年
厚生労働省「平成28年国民生活基礎調査の概況」2017年
小西祐馬「貧困と子ども」青木紀編著『現代日本の「見えない」貧困―生活保護受給母子世帯の現実』明石書店、2003年、85-109頁
さいきまこ『神様の背中―貧困の中の子どもたち』秋田書店、2015年
澁谷智子『ヤングケアラー―介護を担う子ども・若者の現実』中央公論新社、2018年
高倉誠一「『特別支援教育の理念』の解釈に関する考察」『植草学園短期大学研究紀要』第16号、2015年、39-45頁
中央教育審議会「特別支援教育を推進するための制度の在り方について（答申）」2005年（http://www.mext.go.jp/b_menu/shingi/chukyo/chukyo0/toushin/__icsFiles/afieldfile/2017/09/22/1212704_001.pdf：2018年5月5日確認）
中央教育審議会初等中等教育分科会「共生社会の形成に向けたインクルーシブ教育システム構築のための特別支援教育の推進（報告）」2012年7月23日（http://www.mext.go.jp/b_menu/shingi/chukyo/chukyo0/gijiroku/__icsFiles/afieldfile/2012/07/24/1323733_8.pdf：2018年5月4日確認）

仁藤夢乃『女子高生の裏社会―「関係性の貧困」に生きる少女たち』光文社、2014年
盛満弥生「学校における貧困の表れとその不可視化―生活保護世帯出身生徒の学校生活を事例に」『教育社会学研究』第88号、2011年、273-294頁
世取山洋介「日本におけるゼロトレランス政策」横湯園子・世取山洋介・鈴木大裕編著『「ゼロトレランス」で学校はどうなる』花伝社、2017年、12-34頁

学びを深めるための図書案内

太田なぎさ・増山均『スクールソーシャルワークの現場から―子どもの貧困に立ち向かう』本の泉社、2015年
竹沢清『教育実践は子ども発見』全国障害者問題研究会出版部、2000年
玉村公二彦『障害児の発達理解と教育指導―「重症心身障害」から「軽度発達障害」まで』三学出版、2005年
土橋圭子他編『改訂版　特別支援教育の基礎―確かな支援のできる教師・保育士になるために』東京書籍、2017年

学習課題

●多様なニーズに応えたり多様性を生かした学校づくりや授業づくりを行ったりしている事例を探し、本章の内容もふまえながら、その事例の特徴や工夫、改善点などを検討しましょう。
●教師からは「問題行動」と思えるような行動をする児童生徒を対象とした教育実践を探し、そこでかれらの教育的ニーズがどのように捉えられ応答されているか、検討してみましょう。また、その捉え方として不十分な点や、新たに考えられる教育的ニーズを挙げてみましょう。

（木村　裕・原　未来）

第8章
多様な専門性をふまえた協働の可能性

Keywords: 教師の専門性、自律性、協働、学校部活動の外部化、ゼロトレランス

第8章で学ぶこと

　日本の学校は、専門性を有する個々の教師が自律性を発揮し、互いの専門性を生かし合い、協働で子どもたちの教育に取り組んでいます。その中では、文部科学省や地方教育委員会の指導がありながらも、目の前の子どもたちのために教育の専門家としての判断で、望ましい協働を模索することが重要です。一方で、今日の教師は学校内外の多様な専門職とも協働が求められ、その対象は公教育の外側にも拡張しています。教師たちは、教育専門職として協働する対象を吟味し、子どもの発達を最大限に保障する学校づくりと、そのための自らの教育実践を自律的に構想していくことが必要です。

　ところが、教師が多様な専門職と協働するにはいくつかの落とし穴もあります。それが教師の仕事やその専門性にいかなる影響を及ぼすのかも考えなければなりません。本章では、学校と教師の立場から現在と未来の協働のあり方について考えていきます。

1. 学校経営における教師の自律性をめぐる問題

　現代の教師は、教育政策の中で常に改革の対象とされ続けています。例えば、教育の質の保障や学校の説明責任（アカウンタビリティ）の実現が叫ばれ、2000年代には教員免許更新制と全国学力学習状況調査が実施されるようになりました。こうした政策動向も重なり、現代の教師は業務の純増だけではなく多忙感、負担感も増大させています。特に物理的な労働時間の拡大は深刻です。2013年に実施された経済協力開発機構の国際教員指導環境調査（OECD TALIS）は、日本の教師の授業以外の業務量が他国に比べ多く、週の勤務時間も平均53.9時間と世界最長であることを明るみにしました。一方で、子どもたちの学びと生活に関わる現実は時代と共に刻々と変化しています。今日の教師は、子どもたちの社会に深く根を下ろす深刻な課題にも対応すべく、ますます高度な専門性を求められているのです。この状況では、教師たちが子どもの現実に丁寧に寄り添い、その要求や課題に応えていくことは至難の業です。教育職としての自らの専門性で対応しようにも、課題の深刻さと自らの多忙状況が重なり、充分な対応をするにも限界が指摘されています。

　このような問題も踏まえ、教育の専門家としての教師は、学校という一つの組織の中で、自分で考え判断できる環境を求めていくことが必要です。その自律性を基礎にして、同僚と話し合い、意思決定と業務遂行を協働で進めていくことが大切になります。

2. 学校内外における多様な専門職等との協働

　次に、学校内外で子どもに関わる多様な職種について見ていきます。次の表は、校長、副校長、教頭、教諭等の他に法に定められる学校の教職員の一例です。

表　法に定められる学校の教職員の一例

養護教諭	学校教育法37条12
栄養教諭	学校教育法37条13
事務職員	学校教育法37条14
司書教諭	学校図書館法5条
学校司書	学校図書館法6条
学校用務員	学校教育法施行規則65条
スクールカウンセラー	学校教育法施行規則65条2
スクールソーシャルワーカー	学校教育法施行規則65条3
部活動指導員	学校教育法施行規則78条2

表からもわかるとおり、学校には従来から学校保健を担う養護教諭、食育の専門家であり給食管理業務を担う栄養教諭らが勤務しています。養護教諭は子どもに評価の眼差しを向けないことから、悩みを抱える子どもにとって相談しやすい存在です。また、様々な苦しみを抱えている子どもたちに保健室を居場所として提供する例も多くあります（秋山2016）。栄養教諭は2007年に新設された教育職です。それ以前は給食管理を専門とする職員でしたが教員免許を保持する教育職になって以降は、教室での食育の取り組みにも力を発揮しています。これらの職は、子どもたちの健康と食に気を配り、成長と発達を健康面から支えており、教師とも日常的に協働している教職員です。

　学校財務や庶務等を担う事務職員も学校に欠かせない存在です。特に子どもの貧困が可視化された現代では、事務職員が教師と相談し私費購入分の教材等を見直し学校徴収金の減額を進める取り組みも増えてきました。また、準要保護家庭向けの就学援助制度の案内窓口も事務職員が担っています。憲法には義務教育を無償とするとありながら、実際の学校では多くの私費負担が常態化しており、事務職員は教師も気がつくことができていない各家庭の経済的負担の軽減に重大な役割を果たしているのです（栁澤2016）。

　学校図書館の運営管理を担当する学校司書は、初等中等教育における教科の総合化や問題解決型学習の遂行に大いに専門性を発揮しています。子どもたちが教科書には答のないリアリティある問いと向き合うとき、生涯学習の専門家でもある学校司書は、情報の取得と取捨選択に関わる助言、そして子どもたちの自主的な思考を促し、支えるよう力を発揮するのです（成田2017）。教える専門家から学びの専門家への脱皮が期待される教師にとっても、学校司書との協働は、自ら学ぶ子どもを支えるために強力なタッグとなるでしょう。なお、文部科学省の定める講習を受講した教師が「司書教諭」となり、学校司書と同等の専門性を発揮することが期待されていますが、司書教諭は教諭の充て職で、教諭の通常業務との兼務となります。そのため、通常の授業等の業務に加えて司書としての専門性を発揮することは容易ではありません。専ら学校図書館の職務に従事可能な学校司書が、地方自治体の努力によって各学校に配置されていることが重要となります。

　これらの職に加え、校舎の整備等を担う学校用務員など、学校には指導者でも評価者でもないまなざしで子どもたちを見守る職員がいます。加えて、スクールカウンセラー（SC）やスクールソーシャルワーカー（SSW）と呼ばれる臨床心理や社会福祉の専門家が、学校に勤めることも増えてきました。これらの職も教育職ではなく、複雑化する子どもたちの困難にそれぞれの専門的見地から支援を行う職種です。

　学校の課外活動にも外部との協働が拡がっています。近年において顕著なものが、多忙化する教師の代わりに部活動の顧問や指導を担う部活動指導員です。特に特定のスポーツ

競技では技術指導が可能な教師を学校の中で確保できるとは限りません。かつては教師がその競技の素人でも時間外で努力し指導を引き受けてきましたが、今日の教師の多くにその余裕はなく、部活動指導員の需要は高まりつつある状況です。

　他にも多様な民間の専門職や個人、そして団体が学校に関わる例が増えています。都市部ではNPO団体や民間の学習塾が学校に入り、生活困窮家庭の子どもの学習支援や相談活動に取り組む例があります。近年注目され始めたユースワーカーと呼ばれる職は、高校中退や社会的ひきこもりのリスクに対し、思春期から青年期の子ども・若者へのあらゆる支援を模索し、その活動の舞台を中学校や高校にも拡大させています。例えば、札幌星園高校のSSルーム（市原2011）、神奈川県立田奈高校のぴっかりカフェ（松田2018）のような学校内カフェの実践は、さりげなく子ども・若者の困難に寄り添い、学校外での専門的な支援へとつなぐ、教師とは異なるユースワーカーの構えがよくわかる事例です。

　一方、地方都市や過疎地域に目を転じれば、地元の社会教育の担当者や都会からのUターン・Iターン者たちが、停滞する地域と学校教育の関係をつなぎ、地域と学校の魅力化にむけて活動する例が見られています（山内ら2015）。文部科学省が進めてきたコミュニティ・スクールや学校支援地域本部のような政府の施策に限らずとも、学校と地域社会をつなぐコーディネーターの役割は長く重要視されており、学校と地域の協働はこれまでも総合的な学習の時間やキャリア教育の充実に活かされてきました。

　このように、日本の学校では多くの個人や団体が教師と協働をしてきました。さらに、現代では学校外からもSCやSSW等の教育とは異なる専門職の関わりも増え、多様な事業者や団体へと拡張もしています。この展開は、将来的にはさらに広がる可能性が高く、民間教育産業との協働によるカリキュラム作成と授業の実施、そして警察との協働による生徒指導の充実などが既に確認されています。では、こうした協働が教師にとって何か落とし穴になることはないでしょうか。次からは課題にも触れてみます。

3. 協働の落とし穴、突きつけられる教師の専門性の問題

　学校と教師が多様な職種との協働を進めていく中で、教師が問うべき重大な問題も浮かび上がっています。それは、協働によって教師が引き受けてきた仕事が問い直され、教師の本来の仕事と考えられてきた教科指導、生徒指導、部活指導に求められる専門性にゆらぎが生じうる点です。なぜなら、今日の日本の学校における協働の拡がりは、学校の機能を協働によって付け足していくと共に、既に教師が担っていた学校の多様な機能を教師が手放せる状況も作り出すからです。これより、学校と教師が抱える協働の落とし穴につい

て具体的に見ていきたいと思います。

(1) 臨床心理、福祉の専門職との協働の落とし穴

　SCやSSWのような専門職は、これまで教師が担ってきた子どもたちの心理的ケアや生活上の支援を教師の代わりに担っています。ところが、これが教師との協働ではなく分業となり、教師の従来の仕事をそれらの専門職に引き渡す例も見られています。SCやSSWからも、必要な支援は心理や福祉の専門家に担わせて欲しいという要求が学校と教育行政に盛んに届けられ、分業化に拍車がかかる可能性もあります。

　これが教師にとっての落とし穴になるかもしれません。なぜなら、分業化が教師の教育実践に組み込まれる心理的、福祉的要素をも切り離す可能性があるからです。教師にとっても、教育実践の中で子どもたちの理解を深めるために、心理や福祉の観点を踏まえていることは必要なことです。教師は専門的支援を心理や福祉の専門職に委ねるとしても、分業ではなく、問題を共有し、解決に向けて共に考える中で心理や福祉の専門職に学び、それらを自らの教育実践に活かすことが求められます。こうして心理や福祉の専門職との協働の「のりしろ」が教育専門職の内に形成され、教師は子どもにとって最善の支援を協働で探求し実行することが可能になるのです。

(2) 学校部活動の外部化に関わる課題

　部活動指導員の導入のように、学校部活動を外部化することには様々な議論があります。教師の働き方改革の流れの中で部活動を学校が引き受け続けることへの懸念も拡がっていますが、今もなお部活動指導に積極的な教師は決して少なくないからです。そうした教師にとって、部活動は子どもの成長発達に向けた指導の機会であると共に、日常の教育実践のための子ども理解の機会でもあります。一方、部活動が学校と教師にとって重荷であるとの認識から、担い手を地域や民間の団体に移行させ、大会運営組織も学校と教師から完全に切り離すべきとする主張もあります。また、両意見を折衷的に取り入れ、部活動を学校内に留め置き指導の担い手を外部化する案、または部活動は地域社会に移行させながら指導を希望する教師を担い手に含めていく案もあります。さらには、本章のコラムにもあるように、部活動そのものの本来的理念である生徒の自主活動としての本質が失われている実態こそ問題視すべきとする主張も出てきました。他にも、いわゆる部活動顧問の教師が熱血指導を売り物にし、学校の中で子どもたちを囲い込み不透明な指導環境が形成されることが、体罰やハラスメント被害の事故や事件にもつながってきました（島沢2014）。部活動が子どもたちの放課後の時間を占有することで、地域社会での様々な成長発達の機

会を奪ってしまう問題も古くから指摘されるところです。

　このように、部活動指導員の導入を皮切りに、改めて教師が担ってきた部活動そのもののあり方が問い直されています（内田2017）。この問い直しは、教師の日常を問い直すためにも特に必要なことです。部活動指導の外部化は、従来の部活動が含んできた教育機能（子ども理解の機会も含む）を教師が手放すことも意味するだけに、日常的な活動でそれを保持していくのか、あるいは外部の部活動指導者との間で指導上の目的と計画の共有し、適切な協働のあり方を探るのか、などの検討が重要になっています。

(3) 教科指導や授業に関わる教師の専門性のゆらぎ

　多様な個人や団体への協働の拡張は、教師の教室における教科指導や授業づくりにも関わっていきそうです。例えば、佐賀県武雄市の公立小学校では、民間学習塾が教材提供や指導法の助言を行い、教師の授業改善を進めています。また既に多くの高校では、教育企業が進学指導に資する成績データの集積と分析を担当し、特に進路担当教師へのコンサルテーションが行われています。もはや学校において教師の専門性の根幹と言える教科指導や進路指導においても、外部の団体との協働が避けられない状況があるわけです。

　しかしそれは、教師の仕事の本丸でさえも他への依存や支援なしに成り立たない実態を表しています。このような外部の団体との協働は、一つ間違うと、教師の専門性そのものをゆるがしかねません。なぜならそれは、外部の専門家に任せておけば、たとえ授業や進路指導においても教師が自ら考え実践する必要がなくなるからです。しかし教師は、子どもの身近にいて、その現実を間近で受けとめられる存在です。だからこそ、教師はそれらを自らの仕事の本丸として、自らの子ども理解に基づき必要な教育を構想することが変わらず期待されています。これらの外部団体との協働も、教師の専門性の発揮が前提となり、模索されることが大切だと言えるのです。

　また、生活困窮世帯への支援が拡がる中で、学校外で無料の学習塾を開く民間の団体も増えてきました。こうした補習的学習塾の存在を、学校と教師はどのように認識しているでしょうか。現実に、学校外の補習塾なしに学校の勉強にはついていくことが難しい子ども、学校だと勉強がわからないと言えない子ども、補習塾での学生サポーターとのおしゃべりしながら心安まる居場所を初めて得ている子どもがいます。このような学校の外で学ぶ子どもの現実を視野に入れ、時に外部の塾側とも連絡を取り、学校において適切な支援を考えることが教師にも必要になるでしょう。そのためにも、教師は自らの社会関係を拡げ、視野を広く持ち、様々な関係形成の中で、子どもたちのためにいかなる協働が必要かを判断する力が問われていくことになります。

(4) 新たな協働がもたらす落とし穴——テクノロジーの進展とゼロトレランス

　教師の専門性に関わる協働の落とし穴は他にもあります。その一つが、民間企業と共同した個別的な学び、主体的な学びに向けた授業改革の動向です。今日の未来予測では、知識を教える仕事はAI等のテクノロジーの進展によって代替される可能性が指摘されます。その言説の成否は不明ですが、既にICTを活用した個別学習向けの教材開発が進み、学習者は自らの習熟度に応じて必要な授業を好きな時間に受講できるサービスも提供されています。教員配置が不足する郡部の小規模高校では既に教師もそれを生徒の学習指導に活かしているのです。この動向は、これまでに学校が教えてきた知識を学校でなくても教わることができる、そして教師の授業を受けずとも学べて習得できることを意味しています。では、知識を教える仕事がテクノロジーに本格的に代替されるとしたら、教師はいったい何をする専門職になるのでしょう。先に述べた今日の未来予測が真であるのなら、教師はもはや必要なくなる存在になってしまいます。既に学習の個別化に向けてAI等の最先端のテクノロジーの活用が不可避な時代であるがゆえに、教師はそれらの技術革新に支配されるのではなく、それを自らで飼い慣らし、子どもの学びの最善のために活用していく力が求められていきそうです。

　もう一つの協働の落とし穴は、警察との連携です。今日の警察と学校の連携は、校内暴力が吹き荒れた時代に警察側から学校にアプローチをしてきたところに起源があります。ですが、学校は権力的な取り締まりを目的とする警察機関とは慎重な付き合いを続け、校内の非行や暴力等の事案についても、警察との連携で解決することには一定のブレーキをかけてきました。それは、子どもの成長と発達の保障を究極的な目的に置く教育機関としての学校と、取り締まりのために権力行使が可能な警察とでは、連携を進めるにしても目的のところで共有化が難しい背景があったからだとされています。

　ただし、深刻な生徒指導事案が発生した場合に、学校が地域の警察と連携し対処してきたことも決してなかったわけではありません。現実に、対教師暴力などへの対応に苦慮する学校と教師は少なくなく、今日では警察との協働も前提に、不寛容な生徒指導（ゼロ・トレランスとマニュアル化された対応）を導入する自治体も現れてきています。

　しかし、学校と警察が同一の目的を共有することが容易ではないことに変わりはありません。警察の論理に取り込まれるあまり、子どもの状態を一切見極めず、ゼロ・トレランスによるマニュアル的な指導に陥ることがないよう、子どもにとっての最善を模索し続ける教育者の構えを保持し続けることが重要です。

4. 協働の価値の最大化と教師の専門職としての自律性

　学校と教師にとって、協働の拡張にはいくつかの懸念も含まれていました。その対策を考えるにあたり、学校と教師には次の点で教育としての専門性の捉え直しを進めておくことが重要です。それがひいては協働の意義を最大化することにつながります。

　まずは、学校づくりの土台に教師の専門性開発を据えて、多様な協働を構想することです。協働を構想する教師には、教育専門職としての自律性が担保されなければならないことは再三強調してきました。教師の自律性の確保を前提に、協働の拡張性がはらむ落とし穴に対して、教育の論理で対応していくことが変わらず求められます。

　次に、協働に取り組む教師にはコーディネーターとしての力、そして協働のタクトを振れる判断力が求められます。外部から学校に人を入れることへの抵抗感や不安感を取り去り、様々な専門家や支援者との交流の中でそれらの能力を結集させ、そこに教育の論理を着実に組み込んでいく力が必要となるのです。学校において協働の指揮者として脱皮するために、そして協働の意義を自らの力で最大化させていくために、教師の能力形成について個人としても組織としても取り組むことが重要となります。

　過去を振り返れば、日本の教師の職務は幅広く、それゆえに教育の専門性に奥深さが形成されていたことも否定できません。しかし、今日において教師はかつてのようなマルチな仕事を担うことはできそうにありません。それゆえに、かつての教師が培ってきた奥行きを再確認し、現在そして未来の教師が別の過程を経て再獲得していけることが重要です。そのために、教師が常に自律的であることが重要となります。自らの教育者としての専門性を多面的に発展させ、子どもたちの教育と支援に、そして来る公教育の大きな構造転換期に、教師がいつまでも主体的に関与し成長できる存在であることを期待しています。

引用・参考文献

秋山千佳『ルポ 保健室　子どもの貧困・虐待・性のリアル』朝日新聞新書、2016年
市原純「定時制高校における多職種連携と進路支援の取り組み」『高校生活指導』188号、2011年春号
内田良『ブラック部活動　子どもと先生の苦しみに向き合う』東洋館出版社、2017年
黒川祥子『県立！再チャレンジ高校　生徒が人生をやり直せる学校』講談社現代新書、2018年
島沢優子『桜宮高校バスケット部体罰事件の真実』朝日新聞出版、2014年
成田康子『高校図書館デイズ』ちくま文庫、2017年
松田ユリ子『学校図書館はカラフルな学びの場』ぺりかん社、2018年
山内道雄、岩本悠、田中輝美『未来を変えた島の学校――隠岐島前発　ふるさと再興への挑戦』岩波書店、2015年

柳澤靖明『本当の学校事務の話をしよう　ひろがる職分とこれからの公教育』太郎次郎社エディタス、2016年

学びを深めるための図書案内
アンディ・ハーグリーブス『知識社会の学校と教師　不安定な時代における教育』木村優・篠原岳司・秋田喜代美監訳、金子書房、2015年
アンディ・ハーグリーブス『専門職としての教師の資本　21世紀を革新する教師・学校・教育政策のグランドデザイン』木村優・篠原岳司・秋田喜代美監訳、金子書房、2019年夏刊行予定。

学習課題
● 本章の引用・参考文献から複数を読んだ上で、教師と多様な専門職との協働によって教師の教育の可能性がどのように拡がるかを考察しましょう。
● 様々な専門職に聴き取りを行い、教師の専門性との重なりと違いをどこに見出しているかを明らかにし、それをグループの中で話し合いましょう。

（篠原岳司）

コラム

部活動のあり方を考える

　近年、「ブラック部活動」が話題になっています（内田良『ブラック部活動―子どもと先生の苦しみに向き合う』東洋館出版社、2017年）。そもそも、部活動は「生徒の自主的、自発的な参加により行われる」（中学校学習指導要領）ものとされています。自主的な活動であるはずの部活動が、なぜ「ブラック」と称されるのでしょうか。

　まず、教員の立場からみていきましょう。学校教員の勤務時間は一般に8時半から17時までの7時間45分であり、時間外勤務は原則禁止されています。しかし、実際には多くの教員が残業を強いられており、とくに運動部顧問になると月60～80時間を超える者も少なくありません。部活動指導は勤務時間外に及ぶことがほとんどで、教員の超過勤務に拍車をかけています。さらに、運動部顧問の場合、土日も練習や試合引率ために駆り出されることがしばしばあります。休日に4時間以上の部活動指導を行った場合、教員には日額3600円の手当が支給されますが、平日の指導には手当は支給されません。部活動指導は、教員にとっても「自主的な教育活動」とみなされているからです。部活動は、「学校教育の一環として」営まれているものの、その位置づけが曖昧なために、教員の超勤手当や超過勤務の問題を深刻化させているのです。

　次に、生徒の立場からみてみましょう。上述のように、部活動は「自主的、自発的な参加」が前提とされているにもかかわらず、生徒全員に部活動加入を義務づけている中学校が多数存在しています。なお、学校が加入を義務づけていなくとも、中学生の9割が部活動に加入しているのが現状です。近年、子どもたちを部活動に長時間拘束し、十分な休養日を設けていないことが問題視されるようになりました。1週間に休養日を設けていない中学校は22.4％、1か月間の土日に休養日を設けていない中学校は42.6％に及んでいます（スポーツ庁「平成28年度全国体力・運動能力、運動習慣等調査」）。

　過熱傾向にあった部活動に対し、2018年3月、スポーツ庁は「運動部活動の在り方に関する総合的なガイドライン」を定めました。その要点は、適切な休養日の設定と部活動指導員制度の活用にあります。2017年4月より導入された部活動指導員は、技術的指導にとどまっていた外部指導者制度とは異なり、部活動の顧問として技術的な指導を行う者として位置づけられています。ガイドラインの策定は、教員や生徒にとっての部活動負担の軽減につながるものとして期待されます。

　しかし他方で、部活動の外部化を進めることが、学校教育にとって本当に良いのか懸念もあります。神谷拓は、子どもの人格形成が教科指導と教科外指導（生活指導）を両輪として展開され、教師の専門性が陶冶と訓育を前提に発揮されることに鑑みると、教科外指導に位置づく部活動の教育的意義は決して少なくないと指摘しています。そして部活動を真に自主的な活動として教育的に組織すること、つまり部活動における「自治の追求」こそが重要だと主張しています（神谷拓『運動部活動の教育学入門―歴史とのダイアローグ』大修館書店、2015年）。

　このように子どもたちが主人公として自らの意志で自主的に運営をする自治の場として部活動を再編していくことが大切ではないでしょうか。

　〈参考図書〉中澤篤史『そろそろ、部活のこれからを話しませんか』大月書店、2017年。

（杉浦由香里）

第9章
学校・家庭・地域で育つ／育てる

Keywords: 保護者、子どもの貧困、学校統廃合、新自由主義改革、プレーパーク、ユースワーク

第9章で学ぶこと

　子どもの育ちを支えるのは、学校だけではありません。まず、保護者が子どもの教育に第一義的責任を負っています。そして、子どもの生活空間である地域社会も大なり小なり子どもの人格形成に影響を及ぼしています。しかし、今日では、子どもを取り巻く家庭や地域社会のありようが大きく変化し、家庭や地域社会で子育てをすることが難しい状況も広がっています。都市化あるいは過疎化に加え、核家族化と少子化の進行により、地域社会のつながりが弱まり、孤立した子育てを強いられる家庭が増えています。子育て世帯の貧困も深刻です。

　こうしたなかで、学校・家庭・地域は、どのように子どもの育ちを支えていくことができるのでしょうか。三者の連携の必要性が政策的課題としても取り上げられるなか、そこに潜む問題や課題とはいかなるものでしょうか。本章では、学校と家庭そして地域における子ども・若者の育ちについて考えます。

1. 保護者とつながる

(1) 保護者は「モンスター」?

　近年、日本社会では、「モンスターペアレント」の存在が話題になっています。「モンスターペアレント」とは、「学校に対して自己中心的で理不尽な要求を繰り返す保護者」を指す言葉として、しばしばマスメディアに取り上げられるようになりました（楠2008、26頁）。しかし、保護者の学校への要求をすべて「イチャモン（無理難題要求）」やクレームとして片付けてしまってよいのでしょうか。

　あるとき、学校へ保護者がすごい剣幕で怒鳴り込んできました。「遠足のスナップ写真に自分の子どもが一枚も写っていない！　どういうことだ！　遠足をやり直せ！」担任が対応しましたが、保護者の怒りはおさまらず、弱りきってしまいました。みなさんは、この保護者の要求を正当だと思いますか、それとも「イチャモン」だと思いますか。

　小野田正利によれば、冷静にみると、保護者の要求は「要望」・「苦情」・「イチャモン（無理難題要求）」の三つの段階に分けられるといいます。「要望」とは、本来的に学校がやるべき守備範囲のもので、学校はこうあってほしいという願いであり、存在を名乗りでている場合が多いといいます。「苦情」とは、学校の守備範囲を超える場合も含め、責任は学校にあるとの判断に立って行なわれる要求で、匿名の場合も多いとされます。最後の「イチャモン（無理難題要求）」とは、当事者の努力によっても解決不可能な理不尽な内容をもつものです（小野田2006、31-33頁）。

　さて、前述の保護者の要求は、どれに該当すると思いますか。実は、正解などないのです。なぜなら、その要求を正当な要望だととらえるか、単なる苦情または「イチャモン」とみなすかは、受け手の「主観」次第だからです。「遠足をやり直せ」という要求は、「イチャモン」のように思えますが、保護者の怒りの背景には、遠足を楽しんだ子どもの姿を見られなかった悔しさや、写真がなく悲しんでいる子どもを不憫に思う気持ちが見え隠れしています。

　小野田は、保護者の「ホンネや願いは、多くの場合にはイチャモンという形態で、当事者の目の前に現れることが多い」と指摘します（小野田2006、108頁）。このように、一見「イチャモン」に見える要求の裏に、保護者の「本心」や願いが隠れている場合があるのです。保護者を「モンスター」とみなして身構え、その表面的な批判や要求にとらわれていると、問題解決に至らず、ますます関係がこじれてしまうおそれがあります。大切なのは、その背後にある保護者の本当の願い（「本心」）をつかむことです（楠2008、148頁）。

(2) 保護者を味方に

小野田によると、学校現場が保護者の無理難題要求に悩み始めるようになったのは1990年代半ば頃からだといいます (小野田2011)。その社会的背景を考えてみましょう。

1991年のバブル経済崩壊後、日本経済は低迷していきました。1995年には、大企業の経営者団体である日経連（日本経営者団体連盟）が「新時代の『日本的経営』」という文書を発表し、年功序列賃金や終身雇用といった「日本型雇用」を改め、有期雇用で低賃金の不安定雇用労働者を中心とする方針を打ち出しました (中西・蓑輪2012)。これにより、非正規雇用への置き換えが進み、今日では3人に1人が非正規雇用、さらに4人に1人がワーキングプア（働く貧困層）となっています。一方、正規雇用であっても非正規と変わらない低待遇の「周辺的正規労働者」が増大するとともに、長時間労働が蔓延しています。

経済格差が拡大し、相対的貧困の状態に置かれる人たちが増えるに伴い、子育て世代の貧困化も進みました。後藤道夫によれば、子どもがいる世帯の貧困率は、2002年には25.7％にも達しています (後藤2011、120頁)。ひとり親世帯の場合はもっと深刻です。2016年の国民生活基礎調査によれば、ひとり親世帯の貧困率は50.8％にも及んでいます。こうしたなかで、「生きづらさ」と困難を抱えて心身ともに疲弊し、子どもたちの成長と発達を十分に保障できない生活状況に置かれている家庭が増えつつあります (楠2008)。

現代日本では、社会政策によって貧困が生み出されているにもかかわらず、それらを自己責任とみなす風潮が根強く存在しています。自己責任論の下で、社会的分断と排除そして孤立化が進み、人間関係が希薄化しています。このように、心身ともに追いつめられた社会状況のなかでは、そのストレスと葛藤が自他への攻撃性として表出されやすくなります。学校は、そうしたストレスをぶつける捌け口になりやすい側面をもっています。さらに、雇用の不安定化は、結婚率の低下や少子化にも拍車をかけています。少子化によって子どもにかける期待が高まり、子育てに失敗したくないという思いが強くなり、自分本位なあるいは自子中心的な要求を学校にぶつけてしまうのです (小野田2006)。

他方で、教師も同じ社会にあって、多忙化と長時間労働によって疲弊しています。こうした状況において、保護者の要求を共感的に受容していくのは、並大抵のことではありません。しかし、教師と保護者が互いに敵対していては、子どもたちのためになりません。本来、教師と保護者は、子どもの「最善の利益」のために共同すべき関係にあるのです。

保護者の自子中心主義は、子どもの「最善の利益」を考えた行動になっていないことがしばしばあります。保護者の言い分を鵜呑みにして迎合するのではなく、保護者の「本心」を見極め寄り添いつつ、子どもの「最善の利益」とは何かをともに考えてもらうなかで信頼関係を築いていくことが大切です (楠2008)。また、教師は、決して一人で問題を抱え込

まず、事実確認と情報共有を徹底し、共同して対応することを心がけましょう。場合によっては、専門家（弁護士、児童相談所、保健所、カウンセラー、ソーシャルワーカーなど）と連携することも必要です。

保護者からの唐突な無理難題要求に右往左往しないためにも、日頃から保護者とコミュニケーションをはかり、等身大の学校の姿を率直に晒すことによって、学校には何ができ何ができないのか、学校と家庭の責任と役割をお互いに理解し、確認しあうことが重要です。子どもの「最善の利益」を一致点に保護者とつながり、保護者を味方にすることが、何よりも教育実践をゆたかに支える力となるのです。　　　　　　　　　　　（杉浦）

2. 学校と地域をめぐる問題

(1) 学校と家庭・地域の連携

2006年の新教育基本法は、第13条を新設し、「学校、家庭及び地域住民その他の関係者は、教育におけるそれぞれの役割と責任を自覚するとともに、相互の連携及び協力に努めるものとする」と規定しました。子どもをとりまく社会環境が著しく変化し、家庭や地域社会の教育力の低下が問題視されるなかで、学校と家庭、地域住民の三者の協力と連携の重要性が高まっていることは事実です。しかし、この提案が「学校のスリム化」とともに語られ、三者の「役割と責任」の自覚を強調している点に留意しなくてはなりません。

すなわち、ここには、家庭や地域社会の教育力の低下の原因を、前述したような雇用の不安定化や経済格差による家庭・地域の疲弊などの客観的な要因に求めるのではなく、家庭や地域の規範意識の低下、つまり保護者や地域住民の努力または自己責任の問題とみなす政策意図が透けて見えます（浪本・三上2008、86頁）。そのため、これらの解決策も、政府や自治体による条件整備の拡充ではなく、家庭や地域の自助努力に依存したかたちで進められています。

さらに、今日では「学校を核とした地域づくり」が政策課題とされ、コミュニティ・スクール（学校運営協議会制度）[1]の促進に加え、「地域学校協働活動」を推進するため「地域学校協働本部」の全国的整備が提言されています。「地域学校協働活動」とは、「地域の高

---

(1) 学校運営協議会は、保護者や地域住民の意向を学校運営に反映させるしくみとして導入されました。学校運営協議会に与えられている主な権限は、①校長が作成する学校運営の基本方針を承認すること、②学校運営について教育委員会または校長に意見を述べること、③教職員の任用に関して教育委員会に意見を述べることです。しかし、学校運営協議会の設置権限は教育委員会にあり、委員も教育委員会が任命することになっています。

齢者、成人、学生、保護者、PTA、NPO、民間企業、団体・機関等の幅広い地域住民等の参画を得て、地域全体で子供たちの学びや成長を支えるとともに、「学校を核とした地域づくり」を目指して、地域と学校が相互にパートナーとして連携・協働して行う様々な活動」を指します（文部科学省2017）。

　文部科学省によれば、「地域学校協働活動」では、従来の「学校支援地域本部」[2]のような地域による学校の「支援」という一方向の関係ではなく、地域と学校のパートナーシップにもとづく双方向の「連携・協働」からなる緩やかなネットワークを形成し、地域人材の育成や自立した地域社会の基盤を構築して持続可能な地域づくりに寄与することが目指されています。このために、2017年3月には社会教育法が改正され、市町村教育委員会の事務に「地域学校協働活動」が加えられ（第5条2）、「地域学校協働活動推進員」（第9条の7）が新設されました。このように、学校教育と社会教育が一体となって「学校を核とした地域づくり」を推進する体制が構築されつつあります。

　しかし、厳密にみると、これは「地域学校協働」政策に社会教育政策が包摂されつつあることを意味します（長澤2018）。社会教育の主な任務として学校支援型事業が位置づけられる一方で、社会教育の空洞化が政策的に推し進められてきたのです（姉崎2014）。すなわち、社会教育の中核を担う公民館運営審議会の必置規制の廃止や設置基準の弾力化、図書館長の司書資格要件の廃止、博物館の学芸員定数規定の廃止、指定管理者制度の導入など、社会教育の切り捨てが進められてきました。さらに、2018年10月には、文部科学省の組織再編の一環として生涯学習政策局が廃止され、総合教育政策局へと再編されました。

　そもそも、学校教育と社会教育あるいは学校と地域住民の関係は、対等平等ではなく非対称的なものです。しかし、学校と地域の連携をめぐる一連の政策は、「次代を担う子供に対して、どのような資質を育むのかという目標を共有する」ことを求めており、学校的秩序や規範に社会教育や地域住民を包摂し、「自主的」「主体的」な協力を強いるものとなりかねません（姉崎2014）。また、地域が学校の延長に位置づけられてしまい、子どもたちの居場所がますます縮小してしまうおそれもあります（荒井2017）。

　子どもを含む地域住民は地域社会の主権者であり、多様なねがいや要求をもっています。一律の目標を共有して協働することを強要し、異なる意見や自由な学びを萎縮させるような地域づくりではなく、学校と地域住民の対等かつ自由な批判を許す協力関係を探究していくことが重要です。

---

(2) 学校支援地域本部事業は2008年に導入され、地域住民をボランティアとして授業の補助や部活動の指導、学校行事の支援、学校環境整備や登下校時の見守りなどの活動に活用してきました。

(2) 進む学校統廃合

　学校は、地域社会における教育と文化の総合施設として、地域の文化的または精神的拠点としての役割を担ってきました。とくに小学校区は、地域住民の生活圏を形成し、福祉や自治の基礎単位として住民生活を支えています。しかし、近年、学校統廃合が急速に進められ、地域的拠点としての学校がなくなる事態が全国で進行しています。上述したように、学校と地域の連携を強調して「学校を核とした地域づくり」を推進する一方で、学校統廃合によって地域から子どもを取り上げ、地域から学校を遠ざけるという矛盾した政策が行われているのです。

　2015年1月、文部科学省は「公立小学校・中学校の適正規模・適正配置等に関する手引」を改正し、「望ましい学級数」として小学校では12学級以上、中学校では9学級以上を確保することを求めました。通学距離は従来どおり小学校は4km以内、中学校は6km以内としましたが、通学時間はスクールバスや交通機関の利用により1時間以内を目安とし、実質的には広範囲な学校統廃合を後押しするものとなっています。このように、学校の「適正規模」[(3)]化を徹底し、小規模校の解消を図ろうとする政策が推し進められています。

　学校統廃合によって、地域から学校がなくなると、過疎化が一層進み、地域が衰退していきます。学校の広域化は、学校と家庭や地域社会との関係をますます疎遠にし、子どもたちも生活基盤である地域社会から切り離されることになります。

　また、小中一貫教育が学校統廃合を進める手段として機能している現実も見過ごせません（山本・藤本・佐貫2011）。「適正規模」を下回らない場合でも、施設一体型小中一貫校を開設するために中規模校が統合され、全児童生徒数1000人を超える大規模校が出現する事態が進行しています。さらに、2015年の学校教育法改正によって、小中一貫の「義務教育学校」が新たな学校種として位置づけられたことにより、これを利用した学校統廃合も加速しています。

　義務教育学校は、小学校段階と中学校段階を通じて一人の校長の下で一つの教職員集団が9年間の一貫教育を行うことになっており、教職員定数を減らして人件費を抑制することが可能なしくみになっています。2016年には、義務教育学校を設置する場合、校舎の新築または統合に要する経費の2分の1が国庫補助の対象となったため、小中学校を統合して義務教育学校に再編する自治体が増えています（山本2018）。このように、国の政策に誘導されつつ、人件費・施設費などのコスト削減のために学校統廃合が行われているので

---

(3) 日本では教育学的根拠にもとづいた学校の適正規模は未だ明らかにされていません（若林2012）。そのため、時の政治勢力次第で「適正規模」が左右されているのが現状です。

す。

　小中一貫教育は、学校制度の複線化や序列化とも連動しています。教育の機会均等を保障してきた六・三制を弾力化するとともに、小規模校を大規模校に再編することによって競争的環境を醸成し、義務教育段階から子どもたちを選別のふるいにかけようとしているのです。すなわち、小中一貫教育では、四・三・二制のカリキュラムが採用され、習熟度別学習が多用されたり、中学校の管理主義的な生活指導が小学校段階にも拡大されたりするなど、子どもの発達段階への十分な検証がないまま、六・三制の理念が崩されてしまっています（山本2010）。

　こうした背景にあるのは、新自由主義的構造改革です。新自由主義とは、企業活動の自由を最大限保障することにより「人類の富と権利がもっとも増大する」との考えに立ち、企業の論理から企業・労働法制の大幅な規制緩和を行うとともに、「官から民へ」の政策と民営化を推し進める一方、公共サービスを縮小し、福祉予算を抑制するなど国家の負担軽減と民間企業への市場開放をはかるものです（中西・蓑輪2012）。日本では、2001年の小泉内閣以来、新自由主義的構造改革が展開され、地方分権改革や教育改革もこの路線上に位置づけられてきました。つまり、新自由主義的な地域再編および教育改革の一環として、学校統廃合政策が展開されてきたのです。

　性急な学校統廃合に対しては、保護者や市民、教師を中心とした反対運動も各地で起きています（山本2010）。京都府の宇治市では、保護者や市民、教職員らが共同して、「宇治小『小中一貫校』を考える会」が結成され、反対運動が展開されました。小中一貫化によって、子どもの教育がどのように変化するのか、具体的な問題点を共同して検証した結果をニュースを通じて地域に発信し、一万筆以上の反対署名を集めました。宇治市では最終的には押し切られて一貫校設置が決定されましたが、都市部では保護者と教職員との間で小中一貫教育の問題点が共有されれば、阻止できる事例もでてきています。他方、少子化が進む過疎地では、行政が宣伝する小中一貫校の教育的効果にからめとられてしまいがちです。(4)

　子どもにとって望ましい学校規模や教育環境はどのようなものであるのか、学校の消滅は地域経済にどのような影響を及ぼすのか、冷静に検証していくことが求められています。

（杉浦）

---

(4) 小中一貫校の教育的効果として「中一ギャップの解消」や「学力向上」が宣伝されていますが、十分な検証は行われておらず、その効果には疑問が出ています。

3. 地域で育つ子ども・若者

　以上、学校が家庭や地域とつながりながらどのように子どもの成長を支えていくのか、また学校の存在が地域とどのように結びついているのか検討してきました。しかし、先にも触れたように、地域には地域の独自性があり、とりわけ子ども時代においては、学校や家庭から切り離された生活世界が重要な意味をもつことも少なくありません。ここでは最後に、学校でも家庭でもなく、地域で育つ子ども・青年の様子について触れておきましょう。

(1)「あそび」のなかで育つ子ども

　近年、子どものあそびを取り巻く環境は大きく変化したと言われます。たとえば、「ドラえもん」に出てくるような土管のある空き地や近所の路地裏など、子どもたちが自由に集い遊べる場は今日激減しています。公園ですら、ボール使用の禁止、ローラースケートなどの自走遊具の禁止、大声の禁止……と禁止事項にあふれています。また、子どもたちも多忙化し、放課後は塾や習い事などで友だちと一緒に遊ぶことが難しくなっています[5]。先に見た学校統廃合によってスクールバスでの登下校が常態化することも、下校時の道草や帰宅後の再集合を困難にさせるでしょう。こうした状況は、子どもたちの生活世界における「三間」（空間・時間・仲間）の危機として、長らく指摘されてきました（深作ほか編著 2012）。

　この状況に抗し、子どもたちが生き生きと遊べる場を地域に生み出していく試みが全国に広がっています。「プレーパーク（冒険遊び場）」はその好例です[6]。禁止事項をなるべくなくし、子どもが自身の責任で自由に遊ぶことをモットーとする取り組みです。

　たとえば、あるプレーパークの手作りウォータースライダーには、年齢制限や遊び方の表示は一切ないといいます。階段がないため、滑りたいときには支柱に足をかけてよじ登るか、つるつる滑る斜面を上るしか方法がなく、遊んでいるうちに斜面を上っている子と滑り降りる子が接触することもあるそうです。時にはぶつかって泣く子もいます。しかし、それを繰り返すなかで、子どもたちは自分たちで自然にアイデアを出しあいルールをつくっていくといいます。男女の割合や年齢によってもルールは異なるそうで、ここからは、子どもたちがその場の状況を判断し、遊びやすいように自分たちで環境を整える力がある

---

(5) ある調査では、小学生の8割前後、中学生の4割前後が習い事やスポーツクラブに通っているとされています（東京大学社会科学研究所・ベネッセ教育総合研究所 2015）。
(6)「日本冒険遊び場づくり協会」http://bouken-asobiba.org/（2018年9月15日確認）

ことがわかるのです（長崎2012）。どのような状況であっても怪我をせず安全に遊べるよう、大人側が禁止事項やルールを設定し過剰な規制を敷くことは、子どもたちの状況把握と裁量の機会を狭めることに他なりません。

　そもそも、あそびにはちょっとした危険はつきものです。プレーパークでは、危険を「リスク」と「ハザード」に分類し、子どもたちが自ら挑戦する「リスク」は残されています。「少々のリスクを背負いながらも「限界」に挑戦するときに、（子どもは）思ってもみなかった自分のちからに気づき、自信をつけていく」（西野2006、134頁、補足引用者）からです。他方で、「ハザード」は、たとえば遊具の不具合など、子どもには予測不可能な危険です。プレーリーダーと呼ばれる大人は、「リスク」と「ハザード」を見極めながら、子どもが生き生きと遊べる環境をつくる役割を果たしています。

　あるプレーリーダーは、「決められたゴールはなく、自分が"やりたい"と思った気持ちの赴くままに成り行きにまかせて進んでいくもの、実はこれが子どもにとっての遊びなのです」（長崎2012、179頁）と述べています。そのような幅と自由度とゆとりをもっている状況でこそ、子どもたちは夢中になってあそびながら、自身のもてる力を最大限に発揮し、結果的に新たな発見と学びを得ていくのです。

　学校教育で、子どもの育ちのすべてを支えることはできません。むしろ「教える」ことや「ゴール」、あるいは「ルール」が前面に現れやすい学校ではない場だからこそ、豊かに展開されうる育ち（ここではあそび）のあり方を認め、その機会や場を社会に豊かに形成していくことが必要ではないでしょうか。学校や家庭とは異なる、子ども同士での自主的・自治的世界としての地域やあそび場を守り育てていくことが重要なのです。

(2) 若者たちの「居場所」と参画

　同様のことは青年層にも言えます。ヨーロッパを中心に発展してきた、若者の自己形成と社会参画を支える「ユースワーク」の取り組みを紹介しておきましょう。イギリスでは、「楽しさとチャレンジとを学びに結びつけたインフォーマルな教育を通じて、若者が自分自身や他者や社会のことを知っていけるよう手助けする」ものであり、「かれらが声をもち、属するコミュニティや社会に影響を与えたり位置づいたりできるようにする」ことを追求する取り組みだとされています[7]。たとえば、ときに反社会的と受け止められがちなスケートボードやバイク、グラフィックアート（街の外壁アート）といった若者が好む行動

---

[7] National Youth Agency, The NYA Guide to Youth Work in England, http://nya.org.uk/resource/nya-guide-youth-work-youth-services/（2018年9月15日確認）

を、若者が地域社会に参画していくなかで社会的に認められるかたちで行えるよう手助けすることもあります。青少年が放課後に余暇活動を行えるユースセンターはユースワークの拠点のひとつでもあり、ヨーロッパのなかにはセンターが各生活地域に存在するような都市もあります。(8)

　日本でのユースセンターの展開は限られていますが、その多くはテニスコートや体育館、多目的室、音楽室、調理室などの施設をもち、若い世代に活動の場所と機会を提供しています(9)。たとえば、ダンスや演劇などやりたいことをやる場所がない場合には、その活動場所を提供します。また、やってみたいけどその機会がない若者に向けては、バンド、絵画などのプログラムやボランティアを設定し、参加を募っています。若者たちが興味関心や自らの能力を実感し発現する機会を地域に／身近につくりだし、かれらの自己実現・自己形成を支えているのです。

　さらに、多くのセンターには若者たちが自由に「溜まれる」空間（ロビー）が備わっており、一人や無目的でも立ち寄り居られる「居場所」としての機能も意識されています。ユースワーカーと呼ばれる大人は、かれらからポロッと語られる言葉や悩みに耳を傾け、ときに相談に応じながら若者の成長を支える役割を担っています。

　京都市内のセンター利用者に行った調査では、センターの利用を経るなかで、新たな他者との関係や活動を広げていく若者たちの様子も明らかになっています（公益財団法人京都市ユースサービス協会、2017）。たとえば、センターのロビーに入り浸っていたある高校生は、友だちとゲームをしていた際に留学生に声をかけられ対戦したことをきっかけに、やがて留学生との交流ボランティアに参加するようになっていきました。あるいは、スポーツジムを利用していた会社員の男性は、ユースワーカーからの誘いで地域の人たちとかかわるボランティアに参加するようになったといいます。彼は、転職で京都に来て「なんも知らん」なか、「普通に会社員してたら、知り合いになんてなり得ない」人たちとかかわりをもつようになり、「僕が欲しかったものが、おのおの意図せずに得（られ）た」と語っています（原2017、39-40頁）。

　明確な目的をもって来たわけではなかった若者が、そこに居心地のよさを感じ、気の向くままに参加しているうちに、新たな出会いを得て、新たな体験や学びを獲得していく。

---

(8) 海外のユースワークと日本の取り組みを重ねながら検討しているものに、水野ほか（2015）があります。

(9) 札幌市や京都市には複数のユースセンターが存在し、地域ごとに特性をもった取り組みが行われています。また、東京都杉並区や世田谷区、北九州市や神戸市などにも青少年向けのセンターが存在します。しかし、全国的に見てもその数はごく限られていると言わざるを得ません。

あるいは、当初の目的とはまったく異なる活動に、自分の潜在的欲求を見出し地域社会に参画していく。こうした過程は、若者の選択や意思に基づいた自然発生的なものであったと同時に、ユースワーカーが若者の出会いや学びが可能となる場づくりやかかわりを行ってきた結果生じたものでもあります。こうして、教師でも親でもない大人にさりげなく支えられるなかでいつの間にか出会いや学びを得ていたという日常が、青年たちの生活世界・地域社会にあることは、かれらの自己形成と参画の過程をより豊かなものとするでしょう。そして、若者たちのこのような参画が地域社会をつくり育てる一つの力となっていくことからは、地域が若者たちを育てるだけでなく、若者たちに地域が育てられていく可能性を見ることもできるのです。 　　　　　　　　　　　　　　　　　　　　　　　　　　　　　　　　　　　　　　　（原）

引用・参考文献

姉崎洋一「構造改革下における社会教育政策をめぐる課題」『日本教育政策学会年報』2014年、第21号、130-139頁

荒井文昭「『学校を核とした地域づくり』の今日的課題」『月刊社会教育』国土社、第61巻3号、2017年3月、9-14頁

小野田正利『悲鳴をあげる学校—親の"イチャモン"から"結びあい"へ』旬報社、2006年

小野田正利「モンスターペアレント論を超えて—保護者の思いと背景を読み取る」『日本小児看護学会誌』第20巻第3号、2011年、97-102頁

公益財団法人京都市ユースサービス協会『若者の成長におけるユースワークの価値—京都市青少年活動センター利用者インタビューから』2017年

楠凡之『「気になる保護者」とつながる援助—「対立」から「共同」へ』かもがわ出版、2008年

後藤道夫『ワーキングプア原論—大転換と若者』花伝社、2011年

小林千枝子『戦後日本の地域と教育—京都府奥丹後における教育実践の社会史』学術出版会、2014年

酒川茂『地域社会における学校の拠点性』古今書院、2004年

進藤兵・山本由美・安達智則編『学校統廃合に負けない！—小さくてもきらりと輝く学校をめざして』花伝社、2005年

東京大学社会科学研究所・ベネッセ教育総合研究所「子どもの生活と学びに関する親子調査2015速報版」2015年 https://berd.benesse.jp/shotouchutou/research/detail1.php?id=4848 （2018年8月1日確認）

長崎由紀「『遊び』を通した子育ち支援を考える—いわて子どもの森での実践から」深作拓郎ほか編著（後掲）2012年、173-187頁

長澤成次「社会教育行政をめぐる歴史と課題—文部科学省生涯学習政策局・社会教育課「廃止」を問う」『月刊社会教育』第62巻1号、2018年1月、4-11頁

中西新太郎・蓑輪明子編著『キーワードで読む現代日本社会』旬報社、2012年

浪本勝年・三上昭彦編『「改正」教育基本法を考える—逐条解説［改訂版］』北樹出版、2008年

西野博之『居場所のちから』教育史料出版会、2006年

原未来「ユースワークとどのように出会い、離れていくのか」公益財団法人京都市ユースサービス協会（前掲）、2017年、29-48頁

深作拓郎ほか編著『地域で遊ぶ、地域で育つ子どもたち―遊びから「子育ち支援」を考える』学文社、2012年
水野篤夫・岸田祐子・横江美佐子・竹田明子「日本と海外の若者支援の取組み」埋橋孝文・大塩まゆみ・居神浩編著『子どもの貧困／不利／困難を考えるⅡ―社会的支援をめぐる政策的アプローチ』ミネルヴァ書房、2015年、219-245頁
宮原誠一『PTA入門』国土社、1967年
文部科学省『地域学校協働活動の推進に向けたガイドライン参考の手引』2017年
山本由美編『小中一貫教育を検証する』花伝社、2010年
山本由美・藤本文朗・佐貫浩編『これでいいのか小中一貫校―その理論と実態』新日本出版社、2011年
山本由美「学校が消える―公共施設（学校）の再編に立ち向かう市民の運動」『月刊社会教育』第62巻9号、2018年9月、13-21頁
山脇由貴子『モンスターペアレントの正体―クレーマー化する親たち』中央法規、2008年
若林敬子『増補版　学校統廃合の社会学的研究』御茶の水書房、2012年

学びを深めるための図書案内

小野田正利『それでも親はモンスターじゃない！―保護者との向き合い方は新たなステージへ』学事出版、2015年
山本由美・藤本文朗・佐貫浩編『これでいいのか小中一貫校―その理論と実態』新日本出版社、2011年
小伊藤亜希子・室﨑生子編著『子どもが育つ生活空間をつくる』かもがわ出版、2009年
田中治彦・萩原建次郎編著『若者の居場所と参加―ユースワークが築く新たな社会』東洋館出版、2012年

学習課題

● 1947年教育基本法と2006年に改定された新教育基本法を比較検討し、何がどのように変更されたのか考察しましょう。
● 地域社会における、子ども・若者の育ちの場にはどのようなところがあるでしょうか。調べて、その場における育ち・学びの特徴を考察してみましょう。

（杉浦由香里・原　未来）

第10章
子どもに学び、同僚とともに成長し続ける教師

Keywords: 研修、教師の成長、実践記録、子ども理解

第10章で学ぶこと

　教員採用試験を突破して教職に就いても、それが教師としての完成を意味しません。子どもと触れあい、同僚と学び合って、実践を探究し、教職生涯にわたって成長し続けるのが本当の教師だと思います。法制上も、教育公務員特例法では「絶えず研究と修養に努めなければならない」（第21条）とされています。しかし、任命権者が計画する研修（官制研修）が、教員のニーズに合致しないという不満も多く聞かれます。また、同第22条では「職場を離れての研修」や「長期にわたる研修」も認められています。本章では、教師の主体的な研修の重要性に鑑み、子どもに学び、同僚とともに成長し続けるには、どのようなことが大切か、筆者自身の経験と日本の良質の教育実践をもとに考えます。何よりも、自らの実践を記録し、振り返り、同僚と学び合いながら子ども理解を深めていくことの重要な意味を理解してもらいたいと思います。

1. 子どもとともに成長する教師

(1) 子どもに学ぶとはどういうことか

　社会全体に「即戦力を求める」というような風潮が広がっています。即戦力と言われると、「何でもテキパキと処理する。マニュアルをうまく身につけていて問題に即応できる」などというイメージが浮かんできます。学校の現場では、成長・発達途上の生きている子どもを相手にして、授業以外の場でも日常的に生起する様々な事象に対応していくことが求められます。対応を考える際に定石や定型のようなものがないとは言えませんが、対象となる問題は不確定で複雑な要因が絡み合っていて、例え「経験知」のように語られることであってもそのまま通用することは少ないのです。教育実践は、特定の子どもと特定の教師が、一回限りの応答の展開の中で生み出すドラマであって、もともと創造的な行為です。指導計画を立て、指導のねらいをもって子どもの前に立っても、目の前の子どもの理解の状況や反応によって臨機応変に展開するところに教師の専門力量が現れます。

　力量ある実践家が、実に「臨機応変」としか言いようのない応答をするのを目の当たりにして感心したことは何度もあります。「臨機」は子どもをよく観察し深く理解することによってしかつかめません。また、「応変」は自分の判断によってふさわしい応答を選択するということです。引き出しをゆたかにして応答する選択肢を蓄えておくのは望ましいことではありますが、問題は「いつどの引き出しをどう使うのか」という判断です。教師としてのそのような判断力を不断に高めていくのが実践力量をつける根本にあります。ではその判断を確かなものにするにはどうすればよいのでしょうか。目の前の子ども（言動、表情、雰囲気など）をよく観察し、その子の内面で起きていることがらを想像できなければならないのです。私は「その子の内面の風景への想像力」と表現してきました。子どもの内面をピンポイントで絞り込むようなことはできません。それよりも、その子の生活から内面世界をイメージし、心象もその風景の中で考えてみることだと思うのです。こういうことかな、こんな感じかな、とその子に思いを馳せながら働きかけて、その応答を吟味していくしかないのだと考えてきました。その努力が「当意即妙」の応答を創る力になるでしょう。

(2) 生活主体としての子どもを理解する

　学校に毎日登校し授業で教室の机に向かっている子どもの姿を、教師は所与の条件として想定していないでしょうか。子どもはランドセルに教科書だけを入れて登校してくるの

ではありません。生活そのものを背負って、喜怒哀楽も抱え込んでやってくるのだという理解が必要です。教師が気になるその子は、朝、目が覚めた時、何を思ったのでしょうか。登校するまでにさまざまな葛藤を潜ることもあるでしょう。教師は晴れ晴れとした気持ちで学校に向かってくれることを期待しがちですが、子どもの生きる現実はそれほどのどかではないと言わなければなりません。その子の生活の現実からその子を理解していくことの大事さを強調するゆえんです。

　子どもたちを学習主体として考えようとするとき忘れてはならないのは、これまで述べてきたように、子どもをまず生活主体として考えるということです。子どもが自分の生活の中で、何を楽しみ、何に苦しみ、どのような問題に向き合って生きているのか、を考えることは、その子の発達課題／教育課題をとらえる上で大事なことです。それは子どもの発達的・教育的ニーズとその表出の仕方にかみ合って指導を構想する土台になります。子どもの生活と学習を分離したままでなく、つないで考えるということです。かつて「科学と教育の結合」と「生活と科学の結合」が対比的に扱われたこともありました。私は「生活と科学をその子において結合する」ことを考えます。生活に根ざして学び、生活を高め世界を拓く学習を構想したいのです。学習の内容と方法においても生活と科学を結合することをめざしたいと思います。

(3) 生活綴り方の教育実践に学ぶ

　教職論の授業で、生活綴り方教育の実践を取り上げるなかで、青森の生活綴り方教師津田八洲男の実践(津田2008)を紹介しました。生徒指導においても、教科での指導においても、子どもの生活世界とその中でその子の生きている姿を深く理解することが出発点だと思います。

　津田は、子どもの書いた作文や日記や詩を学級通信に載せて、学級で読み合い、家庭にも届けます。子どもの作品とその作品に寄せた津田のコメントをいくつか読みました（◇は津田先生のコメントです）。

　　「ちょこっとないた」青森・堤小3年　清人（1985年）
　　　学げい会をやっていると／きゅうにお母さんのことを思いだして、ちょこっとぼくはないた。／どうしているかなあと、上をむいてないた。／お母さん、／はやくはやくかえってきて。／ぼく、まっているから。／先生もよろこぶかもしれないし、／ぼくもよろこぶから。／はやくかえってきて。
　　◇学芸会の練習をしています。ステージにたって合奏の練習です。一番前の清人君は急にお母さん

を思い出して泣くのです。この日、病気のお母さんは治療のために、大阪のほうに飛行機ででかけたのです。だから「上をむいてないた」なのです。「はやくはやくかえってきて」という清人君の叫びが聞こえてきます。この詩を職員室で読んだとき、涙を止めることができませんでした。家でガリ切りをしているときもです。三年生の十月、母親を亡くした私と清人君を重ねて考えていたのでしょうか。この詩を書いた日が清人君の九歳の誕生日でした。何も力になれないけれど、せめて心の支えにだけはなりたいと思ったのです（津田2008、126頁）。

　この詩には続きの物語があります。清人君の母親は治療の甲斐なく、四年生の夏休みに亡くなります。そのことを同じクラスの篤仁君が詩にしました。

「つらくてもがんばってね」青森・堤小4年　篤仁（1986年）
　ワダカン公園で清人君に会った。／なんだか、やせているようだった。／清人君に声をかけよう。／けど、とし君から電話で、／清人君のお母さんがなくなったときいたので、／なんとなく声をかけたくなかった。／声をかけてはげましてやろうか。／思いだしたらつらいから、／こえをかけないでおこうか。／ぼくはまよった。／清人君は、／「よう、あっちゃん、なにやってんの。」／と、自分から声をかけてくれた。／ブランコにのりながら、二人で話した。／清人君のお母さんに、／ぜんぜん関係ない話をした。／「清人、ねぶた祭り見にいった。」／「うん、見た。」／清人君がいった。／そのあと、急に清人君がしょんぼりした。／ぼくの耳の近くで、小さい声で、／「おれの母さん死んじゃった。」／と、さみしそうに言った。／ぼくは、／「知ってたよ。前、とし君にきいたよ。／新聞にものってたよ。」／といった。／清人君は、／「やっぱり新聞にでたのかあ。／このことだれにもいわないで。」／といった。／清人君は、一人でブランコをこいだ。

◇夏休み中、清人君のお母さんが亡くなってしまします。その清人君と公園で会うのです。「声をかけてはげましてやろうか／思いだしたらつらいから／声をかけないでおこうか」と、篤仁君は迷うのです。清人君の気持ちを考え、清人君のお母さんとまったく関係のない話をするのです。こういう気づかいをする篤仁君を本当にかわいいなあと思います。清人君は急にしょんぼりし、篤仁君の耳元で「おれの母さん死んじゃった」と、小さな声でさびそうに言うのです。心許した友達だから言わずにおれないのです。（津田2008、99頁）

　子どもの作品をみんなで読み、その真実の声を丁寧に聞き合う教室を作り出した津田の実践は生活綴り方のひとつの到達点を示すものだと思います。この実践記録を読んで感じたことは、子どもの生きる姿に寄りそいながらその子の人生の物語を共有するとき、教師の子ども観や人間観が深く耕されるのだということです。教師が子どもに学ぶ内容は直接

的な教育の技術や方法に止まらず、子どもの人間的な願いに呼応する営みを紡ぎ出すことではないかと思うのです。

2. 教師の成長はどのようにして可能になるか

(1) 子どもとの人間的応答

このような教育実践と出会い、栄養教諭をめざすある学生は授業感想に次のように書きました。

> 『子どもを成長させる実践』（生活栄養学科　ＴＭ生）
> 　今日の授業で、日々の生活で感じたこと・考えたことを文にして書いて、それを共有することに様々な効果があるんだなと思いました。子どもにとっては、自分の心に整理をつけて解決策を改めて考えられる場になるし、コメントをもらうことで先生からの温かい応援があることに気づけ、それを共有することで、周りの親だけでなくクラスメイトからも深い理解を、何もしないときよりは確実に得られると思います。こういう取り組みを考えだした先生方は本当にすごいなと尊敬しました。子どもの成長を促し、考えを深めさせることのできる実践を、栄養教諭の立場から考えることもできるのではないかと希望をもつことができました。

この学生は津田実践にも触れて、自分のめざす実践像を「子どもの成長を促し、考えを深めさせることのできる実践」だと描きました。津田は子どもに心を寄せ、深い人間的共感に根ざして慈愛に満ちたコメントをどの子にも寄せています。このような教師と子どもの人間的応答が軸にあってこそ「子どもの成長を促し、考えを深めさせること」ができるだろうと思います。

しかし、津田は教職に就いた最初からこのような教師ではなかったと自らを振り返っています。もともと教師になりたいとは思わなかった津田は、「二年浪人し、仕事しながら勉強しても合格できるような大学に入り、そこが教育系であったため、当然のように教師になっただけ」と言い、文学を勉強したかったのだと述べています。中学校の国語教師になった津田は文学かぶれで、「ときおり感情的になり、意のままにならない子どもに制裁を加えたりする、自分本位で傲慢な教師でした」と言うのです。当時のことを振り返って津田が書いているところを見てみましょう。

「60年代後半、厳しい減反政策が農家に危機をもたらしていました。冷害で自殺者さえ出る状況のなかで親の生活苦を目の当たりにし、受験戦争の渦に巻き込まれ荒れている子どもたちの内面をわかろうともしなかったのです。知識さえ与えていればという暢気で考えの浅い教師だったのです。ただ、そんな自分に嫌悪感を抱き、教師の仕事は自分に合わないと自己擁護をしながらも、何度か本気で辞めること考えていたことも確かでした」（津田2008、4頁）

(2) 子どもと出会い自分を変える教師

津田は生活綴り方の実践に学び、「子どもの気持ちを知りたい・子どもと心つなげたい」というのが自分の求めていたことだと気づいたと言います。「私には自分を変えたいという切実な願いがありました。教師が真実自分を見つめて変わろうとする時、その思いや言動は、必ず子どもたちの心に食い込んでいくものだと確信させてくれた」と言い、「教師の仕事を腰掛け程度にしか考えていなかった私の不遜な態度を、『本物の教師』を追求する姿勢に転換させてくれた」のが子どもとの出会いだったと述べています。

そして、「子どもの書くものは何であれ、子どもそのものだ」といい、「うまい文章を書かせるのではなく、子どもの思いこそ、もっとも大切にしなくてはならないと心に刻んだ」というのです。そして、「子どもたちに、書きたいことがいっぱいあると気づかせるのが私の仕事」だと考えます。また、「子どもたちが生み出す詩は宝物です。この宝物は学級という場でみんなの目にふれ、いっそうの輝きを増していきます。生みだした子どもの心がみんなに伝わっていくのです。『心がひびきあう』のです」（津田2008、7頁）

こうして、「心ひびきあう」教室づくりが津田の大きな仕事になり、深いつながりを持った子どもたちが育っていったのです。このような津田の編集した詩文集『心ひびきあう』は子どもの詩と教師のコメントで構成された実践記録です。津田は教職生涯を通して子どもの作品を大事に残し、学級通信や文集で学級の子ども・父母と共有してきたのです。

3. 実践記録をどう書くか／どう活かすか——応答を軸に実践を記録する

日本の教師が書いた実践記録には、生徒指導、教科指導、学級づくり、学校づくりなど多彩な蓄積があります。ここでは、記録を取り、実践記録を書くことの意味について、私自身の経験を通して感じてきたことをもとに考えてみたいと思います。

小学校の産休講師から教職生活を始めた私は、小学校教師で担任を5年経験した後、30歳で中学校の社会科教師になりました。私学の法学部出身で、小学校の教員免許を通信教

育で取得したこともあり、教育についてまともに学んだことがないという思いが強かった私に、「教育について」考えること、「教師という仕事について」考えることを迫ったのは、その中学校での体験でした。先輩・同僚、何より生徒に育てられ鍛えられたのです。それを自己形成につながるものと受けとめられたのは自分の実践を記録したからだと思うのです。

(1) 教師の仕事の特質と記録

　教師の仕事のほとんどは、子どもとの間断ないやりとりで、事象対応型の仕事です。子どもが登校すれば、立ち止まって考えることも難しい忙しい時間が過ぎていきます。その中で、瞬間瞬間の判断と行動の選択が迫られるのです。中学校教師になり立ての頃、子どもの困難な事実に直面し、どうしてよいか分からず立ちすくむような場面で目の当たりにした先輩たちの対応が、根拠ある判断を基にした行動だったことに感心したものです。そのような先輩たちの多くが、自分なりに工夫したノートを持っていました。「人に見せるようなものじゃないよ」と言いながら、私に見せてくれたノートは、文字通りの走り書きや備忘メモを含んで雑多な記録の集積であり、いろいろなことが書き込まれていました。

　私の教師人生で一番長く勤務したその中学校では、毎学期、校長以下全教員がB4版1枚以上のレポートを書き、年3冊の実践報告集が発行されていました。赴任した当初はレポートに何を書けばよいのかも思い浮かばず苦労したものです。しかし、先輩たちがそう苦にする風でもなく、自分の手元のノートを見ながら書いたレポートは、とてもリアルで読み応えのあるものでした。私も見よう見まねで、生徒の作品を手元に残し、意識して記録を取り始めました。何本かのレポートを書くうち、メモや記録をつないで読み返していくとテーマが浮かんでくると感じられるようになりました。多忙な中で記録することを自分に課すのは、考えることを自らに迫ることだと思うようになりました。

(2) 何を記録するか

　教師教育に関わるようになって、若い院生に実践記録の重要性を説いても、最初は「何を記録すればよいか分からない」という反応が返ってきました。「気になったこと、印象に残っていることを記録するのだ」というのですが、それも簡単ではありません。子どもの様々な事実は確かにあるはずなのに、目に入らないのです。「見れども見えず」の状態なのだと言えるかもしれません。それはつまり、自分の「眼」ができていないということなのです。そうは言っても、一日を振り返って何か記憶に残ったこと、気になったことはあるはずです。そして、それがなぜ気になるのかがその時よく分からなくても、そこには

何らかの問題や意味が必ず含まれているのです。ですから、事実をメモするということは、その意味を考えるスタート地点に立ったということです。ノートを広げてその日書いたメモを読み直す、場面を思い浮かべる、なぜ気になったかを考えるのです。これを繰り返しながら記録し続ければ、見えるものや見え方が変わってきます。それは問題発見の力がついていくということであり、とりもなおさず認識が深まるということです。

　そして、はじめは断片のようなメモ群ですが、読み返して関連するものをつなぎ、文脈化するのです。それは子どもの事実と実践の意味の発見であり、記録を基に、より意識的に意味づける努力は実践を再構成することになります。

(3) どのように書くか

　子どもの姿と自分の実践をリアルに記述し、分析し考察を加えたものを「実践記録」と呼びます。では、実践記録であるためにはどのように書けばよいのでしょうか。私が若い同僚たちに言っていたのは、「大事なのはリアリティだ」「具体的な事実を書け」「真実は細部に宿る」などというセリフでした。子どもの事実を過剰な修飾語を排して淡々と書くのが大事だと思うのです。一般的な言葉や概念的で曖昧な言葉を使わないことです。簡単に一般化せず、その子固有の問題を考える手がかりになるように書くのです。当時の私には何かすぐに問題を一般化したくなる傾向がありました。これは私の反省です。

　ある子どもに注意をしたことが気になっていたというような場面を例にとると、「ダメでしょ」と言った言葉ひとつでも、子どもにはどう響いたかが考えられるように書くのです。当然、子どもの反応も具体的に書くのです。「ダメでしょ」と書いても、文字面だけでは、叱責か、たしなめか、或いは別の方向への促しか、などは判断できかねます。自分の意図を思い返し、それが分かるように書く工夫が要るでしょう。声の大きさやトーン、表情、周りの雰囲気を思い返して書こうとすれば、自分の言葉や対応を吟味することになります。また、教師の働きかけは必ず子どもによって働き返されるわけですから、その吟味は子どもの反応の深い観察と結びつきます。そのようにして自分の対応を省察することになります。私の苦い記憶には、「無視された」ということがあります。「無視」という子どもの反応は教師の感情を強く揺さぶる働きかけだったと思います。当時は「沈黙を聞け」などと言ってその意味を考え合うことで自分の葛藤を超えていったのだと思います。その過程で、「ああでもない」「こうでもない」と考えたことを同僚と共有することの重要性に気づいていきました。それは現場における教師の共同研究だったと振り返っています。

4. 実践記録を書くことの意味──振り返りと学び合いこそが教師の成長の確かな保障

　このようにして記述した実践記録とは何か。指導案や指導細目を実践記録と言うことはできないでしょう。実務記録でなく実践記録と言うためには、実践の目的、内容、方法、結果を記述し考察することが必要です。教師の願いを込めた働きかけの内容と方法を考えるのですが、そのためには、子どもへの深い理解が求められます。子どもの示す瞬間の表情、雰囲気などの重要性にも気づくことになります。子どもの発達を見通す、教育的ニーズをつかむ、何を子どもの真実と考えるかが重要なベースです。そこからそれにかみ合う働きかけを考えるのです。そうすれば無意識のうちに行っているように見える子どもへの働きかけを意識化することになります。その働きかけは、本来、知・徳・体を含む総合的なものです。それだけに、教師の主体的で創造的な実践が重要で、それは教育活動を主体化するということです。ですから、そこに教師の生き方が浮かび上がるのです。(1)

　記録を取ることは、教師としての自己形成の確かな保障になるでしょう。それはすでに触れたように、教師の専門性の特質に根ざした振り返りにつながるからです。現場にいて創造の主体になる教師は、現場研究者です。繰り返し強調しますが、そのような教師にとって、実践記録を書くことは、自分を振り返って考えを深めることであり、同僚との学び合いのオリジナルテキストを持つことになるのです。筆者が長く勤務した中学校では、校長以下全教員が毎学期レポートを書き、年間三冊の実践記録集が作られていました。夏休み中にはそれを資料にした合宿研修会があり、同僚の実践記録を検討し合っていました。こうした経験の同僚との共有が、後に「子ども理解のカンファレンス」(2)を生み出すことにつながったと思います。

　みなさんも教師として成長していくために、生活綴り方に限らず、日本の教育遺産であるすぐれた実践記録を大いに読んで学び、自らも実践記録を書いてほしいと思います。

---

(1) この問題は、教師のプロフェッショナル・ディベロップメントとして、国際的にも教育改革のキーワードになっています。それを考えるときの核心は、教師の自律性（オートノミー）だといえるでしょう。それは教師の恣意的な判断の許容でなく、子どもの人間的な発達に責任を負うという責任に根ざした判断が求められるという高い倫理性を伴います（この点の参考文献に、稲垣忠彦『教師教育の創造』評論社、2006）。
(2) 「子ども理解のカンファレンス」については、福井雅英『子ども理解のカンファレンス』（かもがわ出版、2009）を参照。

引用・参考文献

津田八洲男編『児童詩集　心ひびきあう―津田学級から生まれた詩』ノエル、2008年

田中孝彦『子ども理解』岩波書店、2009年

学びを深めるための図書案内

坂元忠芳『教育実践記録論』あゆみ出版、あゆみ教育学叢書〈7〉1980年

山崎準二『教師のライフコース研究』創風社、2002年

山崎準二『教師の発達と力量形成―続・教師のライフコース研究』創風社、2012年

稲垣忠彦『授業研究の歩み』評論社、1995年

学習課題

● 日本の教師の教育実践を読んでみよう。出版されている書籍の他、教育関係の月刊誌などに掲載される実践記録を調べ、いくつかを読んでコメントを書いてみましょう。

● 教育実習での自分の実践をもとに実践記録を書いてみましょう。

（福井雅英）

コラム

時代の中の教師像──映像化された文芸作品から

● 『二十四の瞳』は、壺井栄が1952（昭和27）年、第二次世界大戦終結から7年後に発表した小説です。主人公・大石先生が瀬戸内海べりの村の分教場に新米の「おなご先生」として赴任したのは、1928（昭和3）年4月に設定されています。壺井栄は自身の戦時中の体験も踏まえ、大石先生と12人の教え子の戦中と戦後の姿を通して、戦争が庶民にもたらした日常の苦難と悲劇を描きました。発表の2年後、1954（昭和29）年に最初の映画化。これまでに、映画化2回、テレビドラマ化6回、テレビアニメ化1回と、計9回も映像化されています。ロケ地となった小豆島の「岬の分教場」は今も保存されており、島の観光地になっています。

● 無着成恭編『山びこ学校』（1951）は、戦後教育の金字塔とも評される生活綴り方教育の実践記録です。師範学校を出たばかりの青年教師・無着成恭が、戦後すぐの山形県の寒村の生活と中学生の現実にどう向き合っていったのかが、子どもの作品でリアルに表現されています。中でも江口江一の作文「母の死とその後」は、貧困の中で懸命に生きる中学生の姿が大きな反響を呼び、文部大臣賞を受賞しました。映画は今井正が監督し1952（昭和27）年5月に公開されました。綴り方を集めた学級文集『きかんしゃ』ができるまでを、文集に掲載されたエピソードを交えながら描いています。ノンフィクション作家の佐野眞一が1992年に書いた『遠い「山びこ」─無着成恭と教え子たちの40年』も注目すべき本です。無着と教え子たちのその後の姿を徹底追跡しています。「戦後」という時代を、日本人がどう生きたかの記録としても貴重であり、教師の仕事の射程を深く考えさせられます。

● 石川達三『人間の壁』は、1957年8月から1959年4月まで朝日新聞の朝刊に連載された、実際にあった事件をもとにした新聞小説です。主人公はS県の小学校に勤める尾崎ふみ子先生。県の財政逼迫を理由にふみ子先生らは退職勧告を受けますが、教職員組合が激しく反発し勧告を返上します。素朴で温かい心をもった同僚教師が学校を追われる中で、「子どものために」と一途な思いのふみ子先生は、貧困に苦しむ子、事故で死んでいった子を思い、教室に生きようと決意します。1959（昭和34）年には香川京子・宇野重吉主演で、山本薩夫監督が映画化しました。

● 灰谷健次郎の小説『兎の眼』（1974）は、灰谷の教師経験も生かした児童文学作品でミリオンセラーになりました。ゴミ焼却場のある小学校を舞台に、新任の小谷芙美先生が、学校では口をきかない子ども・鉄三への理解を深めながら成長していく姿を感動的に描きました。灰谷は『兎の眼』『太陽の子』等の作品によって「路傍の石文学賞」を受賞しています。1976年にはNHK少年ドラマシリーズで放映され、1979年には中山節夫監督、檀ふみ主演で映画化されました。

● 山田洋次監督による映画「学校」Ⅰ～Ⅳも見逃せません。1993年から2000年まで全4作が制作され、どの作品も高い評価を得ました。

〈参考図書〉無着成恭編『山びこ学校』岩波文庫、壺井栄『二十四の瞳』岩波文庫など、石川達三『人間の壁』岩波現代文庫、灰谷健次郎『兎の眼』角川文庫など、佐野眞一『遠い「山びこ」─無着成恭と教え子たちの四十年』新潮文庫など、佐藤藤三郎『山びこ学校ものがたり─あの頃、こんな教育があった』清流出版など。

（福井雅英）

教職入門から教職実践演習、そしてその先へ

1. 滋賀県立大学における教職実践演習の概要[1]

本書をしめくくるにあたり、本書のタイトルにもある「教職実践演習」について確認しておきたいと思います。「教師をめざすみなさんへ」でも述べたように、2010年度以降の入学生を対象として、必修科目である「教職実践演習」が新設されました。この科目のねらいは、教育実習を終えた4回生が教育実習やそれまでの教職課程における自身の学びをふりかえり、教師として最小限必要な資質や能力が身についているかを確認することにあります。そして、この科目の具体的な内容や進め方については各大学が工夫をしながら決定し、実践しているのが現状です。

本書の執筆者が所属する（していた）滋賀県立大学では、同科目の開設にあたって当時の主たる担当教員を中心に議論を行い、進め方を模索してきました。開設後も、主たる担当教員で実践と反省を繰り返しながら、模索を続けてきました。そして現在では、おおよそ、図1に示した流れで進めています。

受講生はまず、後期に開講される教職実践演習に先立ち、教育実習への参加の

```
実践記録の目的や書き方についての講義の受講
 教育実習への参加
------------ 以下、教職実践演習 ------------
①実践記録の書き方についての講義の受講
②実践記録の草稿の執筆
③同種の免許を取得する学生同士のグループでの草稿
  の検討と修正
④異なる種類の免許を取得する学生同士のグループで
  の草稿の検討（クロスセッション）と修正
⑤3回生を交えた発表会
⑥各免許取得希望者の代表者による発表会
⑦最終稿の完成
  （※①～⑦は取り組みの順序を表すものであり、授
  業時数を表すものではない）
```

図1 滋賀県立大学における教職実践演習の流れの概要
（図は、木村が作成）

---

[1] 以下に示す滋賀県立大学の取り組みの意味づけや解釈についての記述は本書の執筆者たちの見解であり、滋賀県立大学の教職員全体の統一的な見解を示すものではありません。

前に、実践記録の目的や書き方についての講義を受講します。そこで受講生は、上級生が執筆した「実践記録集」(詳細は後述)も参照しながら具体的な実践記録に触れ、教育実習や実践記録のイメージをつかみます。これを通して、教育実習においてただ実践を繰り返すだけではなく、自分なりの仮説や課題を持って実習に臨むこと、そうした仮説や課題に基づいて具体的な実践づくりに取り組むこと、子どもの授業内外での具体的な姿や自身の行動などを丁寧にふりかえりながら日々の記録を残したりその後の実践に取り組んだりすることの必要性を「改めて」意識することが求められるのです。「改めて」と強調しているのは、こうした取り組みの必要性や重要性については、実習までに受講してきた様々な教職課程の授業において何度も触れられてきているためです。

続く教育実習で受講生たちは、実習校の先生方のご指導やご助言等に学びながら子どもや教材等と向き合い、様々な試行錯誤を繰り返します。そして、その試行錯誤の過程で気づいたことや学んだこと、悩み、具体的な取り組みの様子、子どもとの応答の具体像などを実習日誌に残していくのです。

こうして教育実習を終えた4回生の後期に、教職実践演習を受講することとなります。滋賀県立大学ではこの科目を、「4年間の教職課程の総まとめ科目として、これまでの教職課程の学びをふりかえり必要な知識・技能を補完する。教育実習における実践経験を記述し、そのふりかえりと検討を通して、教員に求められている資質や能力を身につけ、学校現場で予想される諸問題に対処できるようにする」というものと位置づけています。この科目を通して受講生は、「講義、グループ討論、事例研究、教育実践記録の執筆などを経験するとともに、毎時間、授業の最後に今回学んだ内容と、教職に就いた場合にどう生かしていくかについて議論することによって、実践的な力量を伸ばすとともに、教育者としての基本姿勢を身につける」という到達目標の達成をめざして、自身がそれまでの授業等で学んできたことや教育実習の様子をふりかえりながら、二種類の実践記録の執筆に取り組みます。具体的には、教育実習における「教科指導(養護教諭免許取得者は保健指導)」に関するもの(A4用紙2枚)と、「教科指導以外の場面、あるいは4年間の教職課程全般(授業等)において印象深いテーマ一つ」に関するもの(A4用紙1枚)の二種類です。

教職実践演習において受講生はまず、改めて、実践記録の書き方ならびに実践記録を書くことの意義についての講義を受講するとともに、自身の教育実習時の実習日誌や作成した学習指導案などをふりかえり、自身の実践記録で取り上げるテーマを検討します。続いて、実践記録の草稿を執筆して持ち寄り、同種の免許取得希望者と内容を検討し合います。次に、その検討をふまえて改訂した原稿を持ち寄り、異なる種類の免許取得希望者と内容を検討し合います(クロスセッション)。その後、同級生、ならびに次年度に教育実習を

控える3回生から成る小グループの中で自身の執筆した実践記録の内容を発表し、質疑応答を行います。また、各免許取得希望者の中から代表者を決定し、4回生全員と1～3回生の希望者を対象に、発表を行います。以上をふまえて実践記録の最終稿を完成させるのです。

　完成した実践記録は年度ごとに「実践記録集」として冊子にまとめられ、執筆した学年とその次の学年の学生に配布されるとともに、大学で、希望する学生への閲覧用として保管されます。この「実践記録集」は、その次の年度に教育実習に臨む下級生たちが教育実習の前や教職実践演習を進める中で参照し、教育実習のイメージを豊かにしたり実践記録を執筆する際の参考資料としても活用するよう促しています。

2. 実践記録の執筆とその検討ならびに交流を軸にした教職実践演習のねらい

　教職実践演習には、文部科学省によって科目のねらいが示されているものの、具体的な進め方については各大学の裁量で決定可能な部分が多いという特徴があります。そこで本書の執筆者たちはこの教職実践演習を、教育実習ならびに大学における教員養成課程全体のふりかえりとまとめの機会と位置づけるとともに、入職後に成長し続けるためのスタートラインとして位置づけてきました。また、「教師をめざすみなさんへ」に示したように、本書の執筆者たちは、「生涯にわたって成長し続けられる教師」「研究者としての教師」「自律性を持った教師」「目の前の、ありのままの子どもの姿から出発することを大切にする教師」という四つの特徴を有する教師としての力量や構えを身につけることの重要性を意識してきました。そして、以上のような教職実践演習の位置づけと受講生に身につけてもらいたいと考えている力量や構えの内容を意識しながら、実践記録の執筆とその検討ならびに交流を軸にするかたちで取り組みを構想し、進めてきたのです。こうしたかたちで取り組んできた主な理由として、次の五点を挙げることができます。

　一つ目は、目の前の子どもと向き合いながら実践を創造することと、自他の実践を丁寧に観察したりふりかえったりしながら記録を残すことへの意識づけを行うことです。実践記録を執筆するためには、必然的に、目の前の子どもの姿を丁寧に捉えたり、その姿から実践づくりの際に意識すべき点や研究仮説を導いたりすることが求められます。ともすれば教材研究の成果に基づいて自身のめざす授業を構想し、学習指導案を作成し、その学習指導案のとおりに授業を実践することに注意が向きがちになりますが、授業づくりにおいては学習者の実態をふまえることが不可欠です。実践記録の執筆を意識することで、自身が子どもをどのように捉え、それをふまえてどのような授業を構想したのかということ

と、実践の中で子どもがどのような様子を見せたのかを記録することが必要となります。このように、習得をめざす力量を総動員しなければ充分に取り組むことができない学習課題として実践記録の執筆という課題が機能することをねらっているのです。

　二つ目は、実践を省察する機会を保障することです。教育実習中は、慣れない環境の中で、慣れない立場で、時には予期しない出来事にも対処しながら実践を創造し、展開していくことが求められます。こうした状況の中で、リアルタイムで自身の実践をじっくりとふりかえることは必ずしも容易なことではありません。実践記録を執筆することによって、自身の実践の様子をふりかえることはもちろん、何を根拠にどのような理由でどのような判断を行ったのか、その結果としてどのような状況が生まれたのか、それにはどのような意味があったと解釈することができるのか、他の可能性はなかったのかといったことをふりかえる機会が生まれます。そしてそれは、実践を研究的に捉えたり構想したりすること、改善し続けていくことにつながります。そうした力量と構えを身につけることが生涯にわたって成長し続けていくためには不可欠であり、また、研究的かつ自律的に実践を創造し、実践し、改善し続けていくことにつながると考えているのです。

　三つ目は、多様な同級生同士の学び合いの機会を保障することです。先述のように、同級生同士の学び合いについては、同種の免許取得希望者同士でのグループ検討会と、異なる種類の免許取得希望者同士でのグループ検討会（クロスセッション）を位置づけています。前者のグループ検討会では、同じ免許種の受講生同士だからこそ共有できる知識や経験、視点（たとえば、教科の特性や特定の教科固有のものの見方・考え方、教材研究の成果など）などをふまえてお互いの実践やその省察の結果を検討し、高め合うことをめざしています。後者のグループ検討会（クロスセッション）では、同じ免許種の受講生同士では自明のこととして自覚化されづらかった取り組みの意味や必要性（たとえば、理科の実験を授業の中で実際に行うことが必要なのはなぜか、不登校やアレルギー対応などについて教職員全員が理解して関わることが重要なのはなぜか、など）を問い直したり、異なる教科の授業や授業外の実践において共通して取り組むことのできる（あるいは、取り組むべき）課題や実践上の工夫（たとえば、自己評価能力の育成、ICTの活用、子どもの多面的な理解の促進、安心で安全な学習環境ならびに生活環境の必要性とその実現に向けた方策、など）についての理解を深めたりしていくことをめざしています。

　四つ目は、異学年での学び合いの機会を保障することです。滋賀県立大学は教員養成を目的とした教育学部を有するわけではなく、また、教員養成系大学や大規模大学に比べれば、決して多くの学生が教員をめざしているわけではないため、教員をめざす学生が学年を超えて学び合えるかどうかは個人的なネットワークを有しているかどうかに大きく左右

される傾向があります。一方、教育実習を終えた学生の多くは実習前と比べて、授業づくりに対する認識や具体的なアイディア、子どもとの関わりに対する認識などの多くの面で大きな成長を遂げており、上級生の経験は下級生の成長にとって重要な役割を果たし得るものです。したがって、学年を超えた学習コミュニティを創造し、お互いの経験を継承しながら学び合っていく風土をどのように醸成するのかという点は重要な課題となります。この点において、4回生が執筆した実践記録をもとに自身の経験やそこで得たものなどを下級生に伝えることは、3回生にとっては目の前に迫ってきている自身の教育実習に向けた期待を膨らませたり不安や疑問などを解消するための、また、1・2回生にとっては教員免許の取得に向けたビジョンを具体化したり自身の力量形成に関する中・長期的な見通しを持ったりするための機会を提供することにつながります。さらに、4回生にとっては、下級生からの質問に答えることによって自身の考えをより明確にするきっかけを得ることも期待できます。

　五つ目は、実践を作品化し、交流することを通して、実践を基盤として語り合い、学び合い、成長し合っていくことの意味や意義を考える機会を提供することです。実践記録というかたちで実践の具体像を書き記したものがあることによって、その実践の場に立ち会わなかった他者とも実践の様子を共有し、子どもの丁寧な理解や子どもと教師との応答などをふまえながら、語り合い、学び合い、成長し合っていくことが可能になります。教師の多忙化がクローズアップされていることからも分かるように、様々な用務に追われる中で、こうした機会が減少したり、そもそもそうした機会を設定することの必要性について考える機会が無くなってきていることが懸念されます。教師としてのキャリアを本格的に歩み始める前に、教職実践演習を通して実践記録を書くことの意味や意義を考え、その後の取り組みに生かすきっかけになればと考えているのです。そしてまた、実践記録の執筆の過程が、子どもを中心に据えながら実践を創るという視点や子どもと向き合うという視点に基づいて自他の授業観や教育観を問い直したり、将来的に学校全体で取り組むカリキュラム・マネジメントや「チーム学校」の充実などにつなげたりしていくための基盤づくりにつながるのではないかとも考えています。

3. 教職実践演習の先へ

　教員免許の取得をめざそうと考えるに至ったこと自体がすでに、みなさんの、教師としての学びのウォーミングアップが始まっていた証だと言えるかもしれません。そして、教員免許の取得をめざそうと考えたその時から、すなわち、まさに教職課程に入門したその

時から、教師としての本格的な学びは始まっています。教職課程の終盤に位置づけられている教育実習は、教職課程を通じた学びの成果を持って臨むものであり、試行錯誤をしながら意図的に実践を創造し、実践することを通して、自身のそれまでの学びの成果と課題を自覚する重要な機会となるでしょう。そしてその自覚を確かなものとし、次につなげられるものとするための機会として、教職実践演習を位置づけることができると考えています。

　もちろん、教師としての学びは入職後も続きます。大学の教職課程における教職入門から教職実践演習までの学びを基盤としながら、そこで出会う多様な経歴や専門性を持つ同僚たちや学校外の人々とともに実践を創造し続け、自身の学びを深化させ続けてもらいたいと思います。そしてその過程において、本書の内容や教職課程における学びそのものも省察の対象とすることによって、自分なりの学びのスタイルや実践のスタイルを確立していっていただければ、大変嬉しく思います。

　教師の仕事は本来、専門的な知識や経験とそれに基づく高度な判断が求められる、自立的で創造的なものです。みなさんが教師として学び続けながら、みなさん自身と、みなさんが関わる子どもたちのより良い未来が多様に描かれ、実現されていくことを願っています。

（木村　裕）

【執筆者プロフィール】

木村　　裕（きむら・ゆたか）
　滋賀県立大学人間文化学部准教授［教育学・教育方法学］

篠原　岳司（しのはら・たけし）
　北海道大学大学院教育学研究院准教授（元・滋賀県立大学准教授）［教育行政学・学校経営論］

杉浦由香里（すぎうら・ゆかり）
　滋賀県立大学人間文化学部准教授［教育学・教育史］

原　　未来（はら・みき）
　滋賀県立大学人間文化学部准教授［青年期教育・若者支援］

福井　雅英（ふくい・まさひで）
　滋賀県立大学全学共通教育推進機構教授［臨床教育学・子ども理解］

教師をめざす学びのハンドブック
　　――教職入門から教職実践演習まで

2019年4月10日　第1刷発行

　著　者　木村　裕・篠原岳司・杉浦由香里・原　未来・福井雅英
　発行者　竹村正治
　発行所　株式会社 かもがわ出版
　　　　　〒602-8119　京都市上京区堀川通出水西入ル
　　　　　TEL 075(432)2868　FAX 075(432)2869
　　　　　振替 01010-5-12436
　　　　　ホームページ http://www.kamogawa.co.jp
　印刷所　シナノ書籍印刷株式会社

ISBN978-4-7803-1021-4 C0037　　　　　　　　　　©2019